HUILES ESSENTIELLES
POUR DÉBUTANTS

HUILES ESSENTIELLES POUR DÉBUTANTS

Avec 100 recettes utilisant les 30 principales huiles essentielles

Christina Anthis

Traduit par Hervé Solarczyk

2020
Améthyste Éditions

Améthyste Éditions
72, rue Riquet - Bât. C
31000 TOULOUSE
FRANCE

www.amethyste-editions.com

Retrouvez-nous sur les réseaux sociaux
Facebook @AmethysteEditions
Twitter @AllianceMagique
Instagram @amethyste.editions

Crédits :
Traduction : Hervé Solarczyk
Couverture : Emma Landi
Images couverture : © iStock/Yuriy_K ; iStock/AlinaOsadchenko ; iStock/katarinochka ; iStock/jessicahyde
Illustrations © geraria/shutterstock
Photographie de l'auteure : © Brittany Carmichael
Création graphique : Emma Hall
Mise en page : Clara Soupart
Titre original : *Essentials Oils for Beginners*

2143 Wooddale Drive, Woodbury, MN 55125-2989

Un label des Éditions Alliance Magique
ISBN : 979-10-97154-44-8
Dépôt légal : 1er trimestre 2020

À mon plus grand fan, supporter et DJ personnel. Je t'aime, Clint, jusqu'à Éris et au-delà ! ❤

Table des matières

Introduction

DANS MON ENFANCE, J'ÉTAIS EXTRAVERTIE ET AVENTUREUSE, et j'aimais me lancer dans toutes sortes d'aventure. Tout a changé quand j'ai eu 10 ans et qu'on m'a diagnostiqué une scoliose ; j'ai dû subir une série d'opérations de la colonne vertébrale. Soudain, l'hôpital est devenu ma seconde maison et les médecins, mes enseignants et mes amis.

J'ai grandi, mais mes problèmes de santé n'ont pas disparu. Je vivais presque constamment dans la crainte de douleurs nerveuses, de narcolepsie et de maladies chroniques dues à un système immunitaire fragile, et j'étais si concentrée sur le traitement des symptômes individuels que j'oubliais de faire attention à mon corps dans son ensemble. J'ai fini par décider de chercher des moyens de briser ce cercle vicieux et de développer un mode de vie plus sain.

Mes recherches sur l'alimentation et la nutrition m'ont conduite à la phytothérapie et aux huiles essentielles. Plus je lisais de choses sur les nombreux emplois des plantes médicinales, plus je voulais en savoir davantage. Frappée par la réalisation qu'un bon nombre de nos médicaments modernes sont à base de plantes, j'ai décidé de passer au niveau suivant de mes études en phytothérapie et en aromathérapie, et je me suis inscrite à des formations diplômantes qui m'ont enseigné l'histoire et la science de la médecine par les plantes.

Je me souviens de la première fois où j'ai entendu parler des huiles essentielles et où j'ai découvert qu'elles étaient davantage que des parfums d'ambiance. Comme les plantes à partir desquelles elles sont distillées, les huiles essentielles ont eu au fil des siècles des emplois divers et variés, depuis la médecine par les plantes jusqu'aux produits de beauté naturels en passant par le nettoyage de la maison et la protection des jardins contre les insectes.

Avec le temps, j'ai aussi constaté une amélioration extraordinaire de la santé de ma famille quand je me servais d'huiles essentielles. Les rhumes saisonniers, les infections des sinus, les allergies et même la grippe ont fait dans notre maison des apparitions moins fréquentes ; et quand ces maladies nous frappaient, elles duraient rarement aussi longtemps qu'on aurait pu s'y attendre. Nous étions en meilleure santé que jamais auparavant et nous pouvions passer des mois sans tomber malades. Nous dormions aussi tous bien mieux ; et mon fils et moi avons constaté une amélioration de nos symptômes de troubles d'hyperactivité avec déficit de l'attention (TDAH).

L'aromathérapie, la médecine par les plantes et les huiles essentielles ont fait toute la différence ; et je suis très enthousiaste à l'idée de partager cette connaissance avec le monde entier sur mon blog (www.thehippyhomemaker.com) et dans ce livre.

PARTIE I

POUR COMMENCER

Depuis des siècles, les huiles essentielles font le pont entre la médecine ancienne et la science moderne, et nous commençons aujourd'hui à apprendre qu'elles peuvent nous apporter bien plus que nous le pensions. Dans cette section, je vais expliquer comment fonctionnent les huiles essentielles, comment vous pouvez en tirer profit et comment vous en servir sans risque dans votre maison et avec votre famille. Je vais aussi vous présenter le monde merveilleux de l'aromathérapie.

Dans la deuxième partie, je vais étudier plus en détail trente des huiles essentielles les plus couramment utilisées, leurs profils de sécurité et leurs nombreuses applications. Pour finir, je vous proposerai dans la troisième partie cent recettes et applications pour que vous puissiez mettre en pratique vos nouvelles connaissances.

Que vous soyez au tout début de votre voyage en compagnie des huiles essentielles ou que vous les utilisiez depuis des années, j'espère que ce livre constituera pour vous un outil précieux et facile à utiliser dans votre bibliothèque de santé naturelle.

CHAPITRE 1

Introduction aux huiles essentielles

Vous connaissez peut-être déjà les huiles essentielles par les soins spa et la parfumerie, mais saviez-vous qu'on peut s'en servir pour bien d'autres choses ? Les huiles essentielles peuvent stériliser des blessures, traiter des infections, éliminer des congestions, effacer les rides et nettoyer votre maison. Chaque huile est une combinaison complexe de constituants chimiques, avec une vaste gamme d'applications et de propriétés ; elles sont **antibactériennes**, **antifongiques**, **anti-inflammatoires**, **digestives**, **analgésiques** et **antidépressives** (entre autres).

Les huiles essentielles offrent de nombreux avantages ; utilisées en aromathérapie, par exemple, elles peuvent vous permettre de prendre en main votre santé et votre bien-être.

Que sont les huiles essentielles ?

Avez-vous pris le temps de sentir une rose ? Ce parfum subtil qui entre dans votre nez est une huile essentielle d'une grande pureté. Les huiles essentielles sont des composés aromatiques volatils produits par les plantes pour leur propre protection, pour leur donner une odeur caractéristique et pour servir d'aide à la pollinisation. Quand ils sont inhalés, ces composés aromatiques peuvent jouer un rôle important pour stimuler les fonctions naturelles de guérison du corps.

Comment on produit les huiles essentielles

On produit les huiles essentielles en extrayant des essences aromatiques volatiles des fleurs, des feuilles, des herbes, des fruits, des racines et des arbres. Certaines ont besoin de plus de matière végétale que d'autres pour une petite quantité d'huile, ce qui explique les variations de prix d'une huile essentielle à l'autre. Il y a plusieurs méthodes pour extraire les huiles essentielles, en fonction de la partie de la plante utilisée.

Distillation à la vapeur. La méthode d'extraction la plus courante, la distillation à la vapeur, permet d'extraire les huiles essentielles en faisant bouillir la matière végétale dans un récipient hermétique. La vapeur, qui est une combinaison d'huile essentielle et d'hydrosol, s'élève et passe dans un tuyau qui l'amène à un condensateur, où elle refroidit. On peut ensuite récupérer l'huile essentielle qui flotte à la surface de l'hydrosol et la mettre en bouteille.

Pression à froid. C'est la méthode d'extraction la moins chère et la plus facile. On ne se sert de la pression à froid que pour les écorces d'agrumes. Les pelures sont broyées ou hachées, et comprimées ou perforées pour en extraire l'eau et les huiles essentielles, qui se séparent. Les huiles essentielles sont ensuite écumées à la surface. Soyez prudent : en raison de leur composition chimique, de nombreuses huiles essentielles d'agrumes obtenues par pression à froid plutôt que par distillation à la vapeur peuvent provoquer des réactions cutanées comme des rougeurs ou des brûlures (on parle de photosensibilisation) quand on s'expose au soleil.

Absolus et extraits CO_2. On emploie l'extraction par solvant quand la matière végétale est trop fragile pour supporter la distillation. Parce qu'elle utilise une moins grande quantité de matière, l'extraction par solvant est souvent employée pour produire les versions les plus abordables d'huiles essentielles de fleurs délicates comme le jasmin et la rose. Si vous ne pouvez pas vous permettre les huiles plus chères, les absolus fonctionnent tout aussi bien et partagent beaucoup des propriétés thérapeutiques que les huiles essentielles distillées à la vapeur.

Utilisations des huiles essentielles au fil du temps

On peut penser que les huiles essentielles ne sont qu'une mode de notre temps, mais en réalité, elles sont parmi nous depuis des siècles. Des recherches ont montré que l'emploi d'huiles parfumées remonte à environ 2500 avant notre ère en Égypte, où elles servaient pour la beauté, la médecine, la religion et pour le processus révolutionnaire de l'embaumement.

Vers la même époque, des médecins indiens se servaient d'huiles aromatiques en médecine ayurvédique, un ancien système de médecine qui repose largement sur des traitements à base de plantes et qui est encore pratiqué en Inde aujourd'hui.

Pour beaucoup d'autres cultures anciennes, dont celles des Grecs, des Romains et des Chinois, on a des traces de l'emploi d'huiles aromatiques pour la médecine, la beauté et l'entretien de la maison. La Bible, elle aussi, contient des références à au moins douze huiles essentielles différentes, dont le cèdre, l'oliban, le sapin, la cannelle, la myrrhe, le myrte et la lavande aspic.

Au cours du Moyen Âge, l'emploi d'huiles essentielles s'est répandu en Europe, où l'Église catholique a dénoncé l'utilisation d'huiles aromatiques et de plantes comme une forme de « sorcellerie ». Beaucoup d'historiens croient que les moines bénédictins, qui ont cultivé les premiers jardins d'apothicaires, ont fait perdurer le secret la médecine par les plantes malgré le risque de persécution.

Utilisations et recherches modernes

Si l'utilisation des huiles essentielles et des plantes a décliné au Moyen Âge, la plupart des textes médicaux d'Europe les citaient au XIXe siècle, avec les produits pharmaceutiques. Mais ce n'est pas avant 1910 que la science moderne a vraiment commencé à remarquer leurs propriétés thérapeutiques. Quand le célèbre chimiste et parfumeur français René-Maurice Gattefossé a subi des brûlures chimiques aux mains lors d'une explosion de laboratoire, il a développé une infection bactérienne potentiellement fatale appelée gangrène gazeuse. Parce qu'il comprenait les propriétés chimiques et thérapeutiques de l'huile essentielle de lavande, Gattefossé en a appliqué à ses lésions nécrotiques et est parvenu à traiter l'infection.

Gattefossé a poursuivi ses recherches et s'est servi de sa connaissance des huiles essentielles pour traiter des soldats blessés pendant la Première Guerre mondiale. La publication de son livre, *Aromathérapie – les huiles essentielles hormones végétales*, en 1937, a marqué la première apparition imprimée du mot « aromathérapie ».

Bien que les informations sur les huiles essentielles se soient répandues dans toute l'Europe au début du XXe siècle, les médecins occidentaux n'ont vraiment reconnu leurs bienfaits sur le plan médicinal qu'après la fin de la Seconde Guerre mondiale, quand Jean Valnet, médecin et chirurgien de l'armée française, s'en est servi pour traiter ses patients. Témoin de leur efficacité, Valnet a consacré sa vie à l'utilisation médicinale d'huiles essentielles et a écrit des ouvrages sur l'aromathérapie qui font autorité.

Depuis lors, l'intérêt pour les huiles essentielles et leurs propriétés s'est accru dans la médecine occidentale moderne, et les experts pensent maintenant que nos ancêtres avaient peut-être des connaissances médicales plus poussées que ce que l'on croyait autrefois. En 1977, Robert Tisserand, l'un des principaux experts au monde sur la science et les risques de l'utilisation des huiles essentielles, a publié *The Art of Aromatherapy* et a attiré l'attention du public sur l'utilisation des huiles essentielles. La seconde édition de son livre, *Essential Oil Safety*, a établi les règles permettant de se servir d'huiles essentielles en toute sécurité, et a constitué la première étude publiée sur les interactions entre huiles essentielles et médicaments. Avec près de 4 000 citations, ce livre très complet contient des données sur les composants des huiles essentielles qu'on ne trouve actuellement nulle part ailleurs.

Au fil des cinquante dernières années, des centaines d'études ont été menées sur le potentiel thérapeutique des huiles essentielles et le monde commence à apprécier les nombreux avantages que présente leur utilisation, en combinaison avec la médecine moderne. Certaines études récentes, par exemple, suggèrent que les huiles essentielles, quand on s'en sert avec des antibiotiques conventionnels, pourraient aider à lutter contre la résistance aux antibiotiques. Les propriétés antibactériennes de plusieurs huiles essentielles (dont l'origan, le thym, l'eucalyptus, le tea-tree, la cannelle et la lavande) ont été étudiées pour leurs effets inhibiteurs sur les variétés communes de bactéries comme les streptocoques, les staphylocoques et *E. coli*, et certaines ont eu des taux élevés de réussite.

Des études récentes ont prouvé que des huiles essentielles comme le gingembre, la menthe poivrée et la menthe verte sont très efficaces pour traiter les problèmes digestifs chez les enfants et les adultes, dont le syndrome du côlon irritable, la nausée et d'autres maladies gastro-intestinales. Des recherches ont aussi suggéré que l'aromathérapie peut contribuer à équilibrer nos émotions. On a prouvé que les huiles essentielles de lavande, d'orange douce et de laurier soulagent les symptômes d'anxiété, de stress, TDAH, le syndrome de stress post-traumatique (SSPT)
et la dépression.

Beaucoup d'huiles essentielles sont tout à fait sûres quand on respecte les indications d'emploi, mais à la différence des produits pharmaceutiques et des suppléments à base de plantes, elles ne sont pas encore soumises aux réglementations de la FDA[1]. Avec les progrès de la science de l'aromathérapie, je crois que les huiles essentielles vont finir par faire partie intégrante de la médecine moderne. Nous ne faisons que réapprendre ce que tant de gens savaient avant nous : les huiles essentielles sont des outils puissants que nous pouvons utiliser pour améliorer notre santé et notre vie.

1. NdT : Food and Drug Administration – aux États-Unis, organisme chargé de la réglementation concernant les produits alimentaires et pharmaceutiques.

Qu'est-ce que l'aromathérapie ?

Beaucoup supposent que l'aromathérapie n'est bonne que pour les parfums ou les massages, mais ce ne sont que de minuscules aspects de sa magie de guérison. Si vous êtes curieux de savoir comment respirer l'odeur d'une huile essentielle peut diminuer votre stress ou vous aider à mieux dormir la nuit, vous n'êtes pas seul ! C'est une question qu'on pose souvent et la réponse commence par la compréhension de la manière dont les huiles essentielles entrent dans votre corps.

En aromathérapie, on se sert des huiles essentielles pour favoriser la santé mentale et le bien-être physique. On croit qu'elles fonctionnent en stimulant des récepteurs olfactifs dans le nez, qui envoient ensuite des messages dans le système nerveux jusqu'au système limbique (la partie du cerveau qui contrôle les émotions).

Utilisées en aromathérapie, les huiles essentielles peuvent entrer dans votre corps de trois façons différentes. Ce sont :

Localement. Appliquer une huile essentielle sur la peau est une méthode populaire. On se sert généralement de l'application locale pour soigner les coupures, les égratignures, les brûlures, l'eczéma, l'acné, etc. On peut aussi s'en servir en friction sur la poitrine pour apaiser la toux et la congestion, une huile de massage pour les douleurs musculaires et une pommade apaisante pour soulager les crampes menstruelles ainsi que des problèmes de peau et des douleurs musculaires aiguës. L'application localisée est en général le moyen le plus lent de faire entrer les huiles essentielles dans votre sang, en fonction de l'épaisseur de la peau et de leur degré de dilution dans une huile porteuse pour éviter les effets secondaires.

Oralement. On considère que certaines huiles essentielles, dont la cannelle, le clou de girofle, la menthe poivrée, le santal et l'eucalyptus, peuvent être ingérées sans danger. Cette méthode peut être efficace pour les problèmes digestifs, les problèmes de sommeil et les infections urinaires, mais seulement sur prescription d'un professionnel de la santé qui dispose d'une certification clinique en aromathérapie. Les huiles essentielles ingérées peuvent nuire au corps si on ne prend pas les précautions adéquates, et leur utilisation est en général limitée par ces professionnels de la santé aux maladies infectieuses qui exigent de fortes doses. Sachez que certaines huiles essentielles contiennent des toxines nocives et ne devraient jamais être ingérées.

Inhalation. L'inhalation est le moyen le plus rapide de faire parvenir une huile essentielle à votre cerveau ou à vos poumons (ou aux deux), et c'est donc l'une des méthodes d'aromathérapie les plus efficaces et les plus populaires. On s'en sert en général pour les infections des voies respiratoires, les allergies, les maux de tête, l'asthme, la prévention des maladies, la dépression, l'épuisement, les nausées, l'insomnie, le sevrage tabagique, le TDAH et le SSPT.

L'inhalation fait appel à votre sens de l'odorat, qui est l'un des sens les plus primitifs du cerveau humain. Nous percevons une odeur lorsque les neurones du nez détectent les molécules libérées par des substances autour de nous. Ces molécules stimulent des récepteurs dans les neurones, ce qui envoie des messages au cerveau et permet d'identifier l'odeur.

Les chercheurs italiens Giovanni Gatti et Renato Cajola, qui ont utilisé des huiles essentielles dès 1923, ont démontré les effets de l'odorat sur le système nerveux central, y compris sur la respiration et la tension artérielle. Des études subséquentes ont montré que les odeurs ont des effets psychologiques et physiologiques instantanés, influençant des sentiments comme l'attraction et la répulsion. Les huiles essentielles fonctionnent de la même manière. En fait, les agents immobiliers savent que diffuser l'odeur de la vanille lors d'une visite peut donner à un acheteur potentiel le sentiment d'être chez lui.

Il faut noter que les huiles essentielles sont différentes des macérats huileux de plantes. Un macérat huileux est une huile porteuse directement infusée de matière végétale qui émet en général une fragrance légère, presque imperceptible. En revanche, les huiles essentielles sont des essences aromatiques hautement concentrées, une huile volatile qui s'évapore facilement, obtenue par distillation ou par pression à froid. La fabrication d'un macérat huileux ne requiert qu'une petite quantité de matière végétale, mais pour fabriquer une huile essentielle, il en faut une quantité infiniment plus grande. Par exemple, on considère qu'une goutte d'huile essentielle de menthe poivrée est à peu près l'équivalent de vingt-huit tasses d'infusion de menthe poivrée.

CHAPITRE 2

Comment vous servir de vos huiles essentielles

Au début, vous vous sentirez peut-être intimidé par les huiles essentielles, mais vous n'avez pas besoin d'être médecin, chimiste ou aromathérapeute certifié pour vous en servir efficacement. Avec quelques conseils, tout le monde peut apprendre à intégrer sans risque les huiles essentielles dans sa vie quotidienne.

Dans ce chapitre, je vais vous présenter les éléments fondamentaux de l'utilisation des huiles essentielles. Nous traiterons des points fondamentaux, comme la qualité de l'huile, le stockage, les précautions d'usage, la dilution et les applications. J'ai aussi inclus des informations sur les outils et l'équipement nécessaires pour commencer votre voyage en aromathérapie.

La qualité de l'huile

La qualité de l'huile essentielle est l'un des sujets les plus importants pour l'aromathérapeute en herbe, et ce peut être un sujet épineux aux États-Unis, en raison d'informations trompeuses et de termes prêtant à confusion, comme « certifiée de pure qualité thérapeutique » ou « 100 % qualité thérapeutique ». Il faut remarquer que si beaucoup d'huiles essentielles ne présentent aucun risque quand on respecte les précautions d'emploi, elles ne sont pas régulées par la FDA. Il n'existe également aucun système de classification qui inclue une « qualité thérapeutique », selon l'AFNOR (Association française de normalisation), qui détermine les normes de qualités des huiles essentielles.

Quand vous essayez de trouver la marque qu'il vous faut, voici quelques questions clés à poser sur les entreprises d'huiles essentielles et leurs produits :

Que dit l'étiquette ? L'étiquette est l'un des éléments les plus importants à étudier quand on compare des marques d'huiles essentielles. L'étiquette d'une huile essentielle de qualité devrait indiquer son nom commun, son nom latin (si le flacon ne contient qu'une seule huile) et ses ingrédients (il ne devrait y avoir que la mention d'une seule huile essentielle ou d'un mélange d'huiles essentielles). Elle devrait aussi indiquer s'il s'agit d'une huile pure ou si elle est diluée dans une huile porteuse, ainsi que des conseils d'utilisation et des consignes de sécurité. Évitez d'acheter des huiles d'entreprises qui n'étiquettent pas correctement leurs huiles essentielles ; il se peut qu'elles soient coupées de produits chimiques moins chers, diluées dans une huile végétale ou qu'elles contiennent une tout autre espèce de plante.

Comment les huiles essentielles sont-elles conditionnées ? Les huiles essentielles sont corrosives pour la plupart des types de plastique et commencent à s'altérer dès qu'on ouvre leur flacon. L'oxygène, la lumière du soleil et la chaleur peuvent diminuer leur durée de vie et leur efficacité. Il vaut mieux éviter d'acheter des flacons en plastique et/ou transparents. Les huiles essentielles de qualité supérieure sont conditionnées dans des flacons en verre de couleur brune ou bleue.

Est-ce que cette entreprise vend des huiles essentielles d'espèces végétales en danger ? Il y a un certain nombre d'entreprises qui recueillent et vendent des huiles essentielles de plantes qui sont menacées. Vous devriez vérifier la provenance de l'huile essentielle, si cette plante est menacée et si le fournisseur essaie de vous vendre un produit de qualité inférieure ou de substitution.

Est-ce que cette entreprise propose des pratiques dangereuses ? Beaucoup d'entreprises américaines qui vendent des huiles essentielles proposent des pratiques dangereuses par le biais de leurs distributeurs, de sites d'information sur Internet et de blogs, ainsi que sur les étiquettes de leurs produits. Si l'on veut être un aromathérapeute certifié, on doit respecter certaines règles de sécurité. Les pratiques dangereuses incluent l'ingestion d'huiles et l'utilisation d'huiles non diluées. N'oubliez pas non plus que Raindrop Techniques, AromaTouch et d'autres techniques similaires qui appliquent des huiles non diluées directement sur la peau sont interdites par l'Alliance of International Aromatherapists (Alliance internationale des aromathérapeutes). Évitez d'acheter des huiles essentielles d'entreprises qui proposent ces pratiques dangereuses.

Leur prix est-il plus élevé que le prix du marché ? Le prix peut être un autre facteur important quand on achète des huiles essentielles. Si les prix peuvent varier, de nombreuses entreprises, surtout des sociétés de vente en réseau par cooptation, demandent un prix trop élevé pour leurs huiles essentielles. L'extraction d'huile essentielle par distillation à la vapeur à partir de certaines fleurs délicates comme la rose, le jasmin, la camomille et l'hélichryse est un procédé coûteux. D'autres huiles essentielles plus communes, comme la lavande, sont souvent vendues pour un prix deux fois supérieur à leur véritable valeur sur le marché.

Stockage

Les huiles essentielles ont des propriétés antibactériennes et antifongiques qui empêchent la moisissure de se développer, mais elles sont tout de même périssables. L'exposition à l'oxygène, à la lumière et à la chaleur peut diminuer la durée de vie de vos huiles essentielles. Quand les huiles essentielles sont exposées à l'une de ces trois choses, avec le temps, leur composition chimique change, et elles sont considérées comme oxydées ou « expirées ». Un stockage correct est la clé pour protéger vos huiles essentielles et pour maximiser leur durée de vie. Bien manipulées et correctement stockées, les huiles essentielles peuvent durer de deux à cinq ans, en fonction de l'huile.

Gardez vos flacons d'huiles essentielles hermétiquement fermés. Pour éviter l'oxydation, assurez-vous toujours que le bouchon du flacon est fermé hermétiquement quand vous ne vous en servez pas. Ne mettez pas vos huiles essentielles dans des flacons dotés d'un compte-gouttes en verre, car ils ne ferment pas hermétiquement, et l'huile essentielle finira par éroder le bouchon en caoutchouc.

Gardez vos huiles essentielles à l'abri de la lumière. Les huiles essentielles doivent être conservées dans des flacons de verre coloré en bleu ou en brun pour les protéger des rayons UV. Les flacons doivent aussi être stockés à l'abri de la lumière, dans un placard, une boîte fermée ou une mallette à huiles essentielles.

Gardez vos huiles essentielles au frais. Stockez vos huiles essentielles dans un endroit frais et sombre pour les protéger des effets nocifs de la chaleur. Plus c'est frais, mieux c'est. Je conserve mes propres huiles essentielles dans un placard, mais elles peuvent aussi être stockées au réfrigérateur. Certains enthousiastes ont même un mini-réfrigérateur réservé à leurs huiles essentielles.

La sécurité en action

La sécurité dans l'utilisation des huiles essentielles est l'un des sujets les plus importants de tout ce livre. Nombreux sont ceux qui supposent que, parce que les huiles essentielles sont naturelles, elles ne présentent aucun risque d'effets secondaires, de blessures ou de réactions indésirables. Ce n'est pas le cas. Utilisées de manière incorrecte, les huiles essentielles peuvent provoquer des irritations cutanées et des brûlures, des lésions de la bouche et de la gorge, des ulcères d'estomac et des dégâts hépatiques. On peut les éviter en suivant les règles de sécurité qui s'imposent.

Dilution

En matière de sécurité avec les huiles essentielles, tout se ramène à la dilution. Les huiles essentielles sont des extraits hautement concentrés, qui ne se dissolvent pas dans l'eau, et ne devraient pas être utilisés directement sur la peau. Il est important de diluer les huiles essentielles avec une huile porteuse avant de l'appliquer sur la peau. Vous trouverez des informations plus détaillées sur la dilution plus loin dans ce chapitre (voir page 22).

Ingestion

Il y a une place pour l'ingestion en aromathérapie, mais l'utilisateur moyen ne devrait jamais s'y essayer seul. Tout comme n'importe quel produit pharmaceutique de synthèse puissant, les huiles essentielles ne devraient être ingérées que sous la supervision d'un professionnel de la santé certifié en aromathérapie. Ingérer quotidiennement plusieurs gouttes d'une huile essentielle peut endommager le foie, les reins, l'estomac et les intestins, et mener à la défaillance de ces organes.

Les professionnels de santé qui préconisent la voie orale traitent fréquemment des maladies infectieuses qui exigent des doses massives, selon Tisserand, co-auteur de *Essential Oil Safety*. Il dit que seuls les médecins qui sont « qualifiés pour diagnostiquer, entraînés à évaluer le bénéfice-risque et ont une bonne connaissance de la pharmacologie des huiles essentielles devraient prescrire des huiles essentielles par administration orale ».

Phototoxicité

Certaines huiles essentielles ne devraient pas être utilisées avant de s'exposer au soleil, de prendre un bain de soleil ou de se servir d'un lit de bronzage. Ceci peut provoquer une réaction phototoxique, qui se produit quand certains éléments chimiques présents dans les huiles se lient à l'ADN de la peau et réagissent aux ultra-violets, tuant les cellules et endommageant les tissus. En d'autres termes, si vous appliquez sur votre peau certaines huiles essentielles d'agrumes à pression à froid, vous pouvez voir apparaître une rougeur ou une brûlure autour de la zone d'application, due à l'exposition au soleil. Il ne faut pas une grande quantité de certaines de ces huiles essentielles pour provoquer une réaction quand on les utilise en application locale, tandis que d'autres peuvent être utilisées en petite quantité sans aucun problème.

HUILES ESSENTIELLES D'AGRUMES PHOTOTOXIQUES

- Bergamote
- Orange amère (pression à froid)
- Clémentine
- Pamplemousse
- Citron (pression à froid)
- Citron vert (pression à froid)
- Feuille de mandarine

HUILES ESSENTIELLES D'AGRUMES NON-PHOTOTOXIQUES

- Bergamote (s'il s'agit de bergamote sans furanocoumarine [FCF], aussi dite sans bergaptène)
- Citron (distillé à la vapeur)
- Feuille de citron (note : il ne faut pas la confondre avec l'huile essentielle d'écorce de citron, qui est simplement appelée « citron »)
- Citron vert (distillé à la vapeur)
- Mandarine
- Feuille d'oranger
- Orange douce
- Tangelo

Grossesse

Les huiles essentielles sont utilisées depuis des années par les sages-femmes, les doulas, les infirmières et les futures mères, les recherches ne montrant aucun dommage pour la mère ou l'enfant. Utilisées de manière correcte, beaucoup d'huiles essentielles sont sans danger durant la grossesse et peuvent aider à soigner des symptômes difficiles chez la femme enceinte. Les aromathérapeutes s'accordent à dire que la plupart des huiles essentielles devraient être évitées durant le premier trimestre de la grossesse, mais on peut sans risque s'en servir de manière occasionnelle durant le reste de la grossesse en suivant les règles ci-dessous :

Diluez toujours les huiles essentielles dans une huile porteuse avant de vous en servir. Vous ne devez pas dépasser une dilution à 1 %, ou 9 gouttes d'huile essentielle pour 3 cL (2 cuillères à soupe) d'huile porteuse. Cette dilution peut varier selon l'huile essentielle spécifique, donc assurez-vous de vérifier la dilution maximale recommandée pour chaque huile, pour éviter l'irritation.

Limitez la diffusion. Le diffuseur ne doit fonctionner que pendant 10 à 15 minutes à la fois. Les femmes enceintes sont plus susceptibles de souffrir d'une surexposition aux huiles essentielles, et un usage prolongé du diffuseur peut provoquer des maux de tête, des nausées et des vertiges.

Minimisez autant que possible l'emploi quotidien. Il vaut mieux ne se servir des huiles essentielles que quand vous en avez besoin.

Bébés et petits enfants

Tout comme lors d'une grossesse, il faut faire très attention quand on se sert d'huiles essentielles sur des bébés et des enfants, ou autour d'eux. Il ne faut pas se servir d'huiles essentielles sur des bébés de moins de 3 mois, parce que leur peau est plus sensible et moins capable de supporter des réactions indésirables que celle d'enfants plus âgés ou d'adultes. Il faut être encore plus prudent avec les bébés prématurés, et n'utiliser avec eux aucune huile essentielle jusqu'à trois mois après la date où ils auraient dû naître. Beaucoup d'huiles essentielles (mais pas toutes) sont sans danger pour les bébés et les enfants de plus de 3 mois quand on suit ces règles.

- Introduisez lentement une huile essentielle à la fois et surveillez l'apparition de réactions indésirables.
- Diluez toujours les huiles essentielles avec une huile porteuse avant l'application localisée. La dilution peut varier en fonction de l'huile essentielle utilisée, donc vérifiez la dilution maximum recommandée pour chaque huile afin d'éviter toute irritation.
    - Pour les bébés de 3 à 6 mois, ne dépassez pas une dilution de 0,1 %, ou 1 goutte d'huile essentielle pour 3 cL (2 cuillères à soupe) d'huile porteuse.
    - Pour les bébés de 6 à 24 mois, ne dépassez pas une dilution de 0,5 %, ou 4 ou 5 gouttes d'huile essentielle pour 3 cL d'huile porteuse.

- Pour les enfants âgés de 2 à 6 ans, ne dépassez pas une dilution d'1 %, ou 9 gouttes d'huile essentielle pour 3 cL d'huile porteuse.
- Pour les enfants de plus de 6 ans, ne dépassez pas une dilution de 2 %, ou 18 gouttes d'huile essentielle pour 3 cL d'huile porteuse.

- Les enfants de moins de 12 ans ne doivent jamais ingérer d'huiles essentielles.
- Il ne faut jamais utiliser d'huile essentielle à proximité du visage d'un enfant. Les vapeurs des huiles sont trop fortes pour les bébés et les jeunes enfants.

Ce qu'il vous faudra pour commencer

Si vous débutez en aromathérapie, vous aurez besoin de disposer de quelques objets pour faire facilement un grand nombre des remèdes de ce livre. Il vous faudra essentiellement deux ingrédients seulement pour commencer à utiliser les huiles essentielles, mais vous souhaiterez probablement avoir quelques autres outils pour toutes vos créations à base d'huiles essentielles.

Voici une liste de fournitures de base et de quelques autres ingrédients utilisés dans les recettes de ce livre :

Ingrédients nécessaires pour commencer à se servir d'huiles essentielles

Huiles essentielles. Ce sont les ingrédients les plus importants de ce livre ! Vous pouvez facilement en trouver sur Internet et en boutique. Dans la deuxième partie, je donne les profils de trente huiles essentielles pour vous permettre de mieux comprendre chacune d'entre elles. Je vous suggère de lire tous ces profils et de choisir celles que vous voulez utiliser avant de faire le moindre achat.

Huiles porteuses. La dilution est la clé d'un emploi sans risque des huiles essentielles. Le moyen le plus sûr et le plus simple de diluer les huiles essentielles pour une application localisée est de les ajouter à une huile porteuse. À la différence des huiles essentielles, ces huiles végétales (vous en avez peut-être déjà certaines dans votre cuisine) sont utilisées pour « porter » les huiles essentielles sur la peau, pour une meilleure absorption. Vous en apprendrez davantage sur les huiles porteuses les plus populaires et leur utilisation dans la deuxième partie de ce livre.

Outils nécessaires pour commencer à se servir d'huiles essentielles

Diffuseurs. Il est indispensable d'avoir chez vous un bon diffuseur d'huiles essentielles. Il y a plusieurs types différents de diffuseurs d'huiles essentielles sur le marché, mais je préfère les diffuseurs ultrasoniques, qui utilisent des vibrations ultrasoniques pour transformer les huiles essentielles en vapeur d'eau et la diffuser dans l'air. Les autres types agissent par nébulisation, par ventilation (ou évaporation) et par la chaleur. Je vous recommande d'en choisir un avec un minuteur, pour éviter la surexposition. Assurez-vous de nettoyer votre diffuseur selon les instructions données ; l'essuyer rapidement avec une serviette en papier entre deux utilisations peut empêcher les huiles essentielles d'agrumes d'attaquer le contenant.

Inhalateur d'huile essentielle. Si tout ce que vous pouvez vous permettre, ce sont des flacons roll-on et des inhalateurs d'huile essentielle, la plupart de vos besoins en matière d'application et d'inhalation seront couverts. Ils sont bon marché et faciles à se procurer, mais ils sont aussi discrets. Vous pouvez les porter dans votre sac à main ou votre poche arrière.

Flacons roll-on en verre (1 cL). Les flacons roll-on facilitent énormément l'application localisée ! J'en garde toujours un stock chez moi.

Flacons d'huile essentielle en verre sombre. Vous aurez toujours besoin de flacons d'huile essentielle vides pour faire des mélanges d'huiles essentielles non diluées. Même si on peut en acheter sur Internet, je préfère économiser de l'argent (et protéger l'environnement) en recyclant mes vieux flacons d'huile essentielle. Remplissez d'abord le flacon de sel d'Epsom pour retirer tout résidu, puis rincez-le bien.

Récipients de stockage. Il va vous falloir toutes sortes de récipients pour stocker vos créations. Je vous suggère de commencer à conserver des boîtes de métal, des bocaux en verre, des flacons pulvérisateurs, des flacons pompe et des photophores vides. N'oubliez pas de stériliser les objets ainsi recyclés avant de les réutiliser. En général, je stérilise mes récipients au lave-vaisselle.

Bols en verre. Les huiles essentielles sont caustiques et peuvent attaquer le plastique. Je m'en suis servi pour retirer de la peinture sur des récipients recyclés ! Donc, je vous suggère d'utiliser des bols en verre pour faire vos mélanges. Bien qu'on puisse se servir de récipients métalliques avec les huiles essentielles, évitez le métal si la recette exige de l'argile bentonite, car le métal y réagit et en limite les bienfaits thérapeutiques.

Autres ingrédients

Sels de bain. Chez moi, on aime prendre des bains ; mais je ne prends pas des bains tout simples et ennuyeux. Je prends mon bain en grand apparat ; et cela signifie beaucoup de sels de bain. Il est bon aussi d'avoir à portée de main un sac de pur sel d'Epsom, parce que c'est une très bonne source de magnésium.

Savon de Castille. Il s'agit d'un savon doux à usages multiples à base d'huile d'olive. On devrait trouver un flacon de savon de Castille liquide dans tous les foyers qui se veulent respectueux de l'environnement. On peut s'en servir pour les gens, les animaux et la maison ; et c'est aussi un bon agent porteur pour les huiles essentielles utilisées dans les bains.

Beurre de karité. Si le beurre de karité est souvent un ingrédient optionnel de mes recettes, je vous recommande d'en ajouter aux recettes d'huiles essentielles pour le soin de la peau et des cheveux. Il est excellent pour tout ce qui concerne la beauté, et il est impossible de faire un beurre corporel décent sans beurre de karité !

Cire d'abeille. On se sert souvent de cire d'abeille en cosmétique, pour durcir ou épaissir le produit final. Elle est utile quand on fait des pommades, des pâtes coiffantes et des baumes pour les lèvres.

Extrait d'hamamélis. Cet extrait antiseptique provient de l'écorce d'hamamélis, et on s'en sert souvent comme substitut doux à l'alcool. Ses propriétés naturellement astringentes le rendent parfait pour des soins thérapeutiques pour la peau.

Argiles thérapeutiques. Les argiles sont de bons produits de beauté naturels pour le soin du visage, de la peau et des cheveux. On peut trouver de nombreuses sortes d'argiles cosmétiques, dont la bentonite, le ghassoul (terre glaise marocaine), le kaolin et l'argile verte. Il ne vous en faut qu'une seule sorte, mais chaque argile a ses propriétés spécifiques. J'ai toujours de la bentonite et du ghassoul sur mes étagères.

Applications

Les trois méthodes principales d'application d'huile essentielle sont : localisée, en diffusion (application aromatique) et par ingestion. Note : ingérer des huiles essentielles n'est pas recommandé sans supervision médicale, donc je laisserai l'application interne aux professionnels.

Localisée

En application localisée, les huiles sont diluées et appliquées directement sur la peau. On s'en sert le plus souvent pour soigner la peau elle-même, mais elles peuvent aussi être utilisées pour cibler des problèmes aigus, comme des douleurs musculaires et des toux. L'application localisée est la méthode la plus lente pour faire entrer des huiles essentielles dans le flux sanguin. Certaines des formes d'application localisée les plus fréquemment utilisées sont :

Pommades et baumes. Utilisés pour guérir des coupures, des égratignures et des abrasions, ces produits peuvent aussi traiter des problèmes aigus comme des douleurs musculaires, des crampes menstruelles et des crises de croissance.

Lotions, crèmes et beurres corporels. Ajoutez des huiles essentielles à vos produits contre les rides, les ridules, les cicatrices, à la peau sèche, et à la cellulite.

Baume pectoral. Dans un baume pectoral, les huiles essentielles peuvent contribuer à soulager la toux, la congestion et le nez bouché.

Bains. On se sert de bains aromatiques pour toutes sortes de choses, des douleurs musculaires jusqu'aux symptômes du rhume et de la grippe. Un bain relaxant avec des huiles essentielles peut dissiper la dépression et diminuer le stress.

Compresses chaudes et froides. En remplacement d'un bain, les compresses chaudes ou froides peuvent être très utiles quand la température du corps s'élève trop ou quand vous devez diminuer l'anxiété. On peut aussi se servir de compresses pour nettoyer certaines blessures.

Produits de soin pour les cheveux. On peut se servir d'huiles essentielles pour allonger, renforcer et détoxifier les cheveux et le cuir chevelu. Quand on en ajoute à un shampooing, elles peuvent lutter contre les pellicules et chasser et tuer les poux.

Huiles de massage. C'est probablement la forme la plus ancienne d'application localisée. Un massage à l'huile essentielle peut soigner un corps blessé et calmer un esprit anxieux.

En application aromatique

C'est la méthode la plus rapide pour faire entrer des huiles essentielles dans le flux sanguin. Les huiles diffusées sont inhalées et passent dans le cerveau, les poumons et le système circulatoire. On peut s'en servir pour traiter les maux de tête, les insomnies, les symptômes du rhume et de la grippe, et pour stimuler la concentration. Il y a plus d'une façon de sentir une rose, bien sûr, mais voici quelques-unes des méthodes d'application aromatique les plus communes :

Diffusion. En diffusant des huiles essentielles, vous pouvez purifier efficacement l'air de votre maison, tout en ciblant certains problèmes de santé.

Fondant parfumé. Il vous suffit aussi de quelques gouttes d'huile essentielle sur un gant de toilette pour profiter d'un bon moment de relaxation. La vapeur est particulièrement bénéfique pour les problèmes respiratoires.

Humidificateur. Vous pouvez ajouter des huiles essentielles à de l'eau dans un humidificateur. Quelques gouttes d'eucalyptus vous aideront à mieux respirer dans votre sommeil.

Spray pour le corps et la maison. Les sprays peuvent diffuser efficacement les huiles essentielles sur votre corps, vos vêtements ou vos meubles.

Dilution

Quelle que soit la manière dont vous décidez d'utiliser les huiles essentielles de façon localisée, la dilution est la clé d'un emploi sans risque et efficace. N'appliquez jamais une huile essentielle directement sur la peau (c'est-à-dire « pure ») sans vous servir d'une huile porteuse. Certaines huiles essentielles peuvent provoquer des irritations si elles ne sont pas suffisamment diluées. Ces « huiles chaudes » produisent une sensation d'échauffement ou de brûlure quand on les applique sur la peau, et elles doivent être fortement diluées pour éviter toute irritation. Parmi elles, citons la cannelle, la menthe poivrée, la marjolaine à coquilles, le clou de girofle, la muscade et le poivre noir.

On pensait autrefois que les huiles essentielles plus douces, comme la lavande et le tea-tree, pouvaient être utilisées pures ; et donc, beaucoup d'aromathérapeutes avaient des réactions cutanées. En vous servant même d'une seule goutte de n'importe quelle huile essentielle pure sur la peau, vous risquez de développer une sensibilisation permanente à cette huile. Comme le dit l'aromathérapeute Marge Clarke dans son livre *Essential Oils and Aromatics*, « la sensibilisation dure à jamais ». Et je sais d'expérience à quel point elle a raison. Il y a des années, je me suis servi bien imprudemment d'huile de lavande non diluée sur une peau craquelée, et j'ai eu une réaction. Aujourd'hui, près de vingt ans plus tard, si j'entre en contact avec de la lavande, sous quelque forme que ce soit, je développe immédiatement une dermatite qui peut mettre des mois à guérir.

Pour diluer des huiles essentielles, il suffit de les combiner avec une huile porteuse. Le pourcentage de dilution dépend du type d'application, du sujet et de l'âge du sujet. Voici un tableau de dilution de base donné dans des formations d'aromathérapie, mais n'oubliez pas qu'il n'est proposé qu'à titre de référence pour les mélanges. Certaines huiles essentielles doivent être plus diluées que d'autres ; il est donc recommandé de faire des recherches pour chaque huile, afin d'éviter des réactions imprévues.

TABLEAU TRADITIONNEL DE DILUTION

HUILE PORTEUSE	0,5 %	1 %	1,5 %	2,5 %	3 %	5 %	10 %
1,5 cL	1-2 gouttes	3 gouttes	5 gouttes	7-8 gouttes	9 gouttes	15 gouttes	30 gouttes
3 cL	6 gouttes	12 gouttes	24 gouttes	30 gouttes	36 gouttes	60 gouttes	120 gouttes

DILUTION	UTILISATIONS
0,5 %	Bébés, individus fragiles ou âgés
1 %	Bébés, enfants, grossesse/allaitement, individus fragiles ou âgés
1,5 %	Aromathérapie subtile, travaux émotionnels et énergétiques, grossesse/allaitement, individus fragiles ou âgés, crèmes pour le visage, lotions, exfoliants
2,5 %-3 %	Huiles de massage, soins généraux de la peau, lotions, huiles pour le visage ou le corps, beurres corporels
5 %	Massages thérapeutiques, traitement aigu, guérison des blessures, pommades thérapeutiques, beurres corporels
10 %	Douleurs musculaires, traumatismes, massages thérapeutiques, douleurs physiques aiguës, pommades et baumes

Une seule huile ou un mélange ?

Quand vous achèterez des huiles essentielles, vous remarquerez qu'il est possible d'acheter des huiles individuelles ou des mélanges d'huiles. Quelle est la différence ? Et lesquelles vous conviennent le mieux ?

Huiles simples. Une huile essentielle simple est le produit de l'extrait d'une seule plante, sans aucun autre additif. Chaque huile essentielle représente une combinaison complexe et unique d'éléments naturels qui fonctionnent ensemble pour offrir certains bienfaits. Pendant votre formation en aromathérapie, il vaut mieux vous concentrer d'abord sur les huiles simples, pour mieux comprendre leurs propriétés individuelles, avant de les associer dans des mélanges.

Mélanges. Les mélanges d'huiles essentielles sont une synergie obtenue par combinaison de deux huiles essentielles simples, pour des résultats qui dépassent ceux d'une seule huile simple et qui en diffèrent. Les aromathérapeutes créent des mélanges uniques pour cibler des besoins spécifiques. Si vous pouvez acheter des mélanges tout prêts d'huiles essentielles, il est parfois moins cher et plus efficace à long terme d'acheter des huiles simples et de composer des recettes qui conviennent à vos propres besoins. Toutes les recettes de ce livre sont des mélanges d'huiles essentielles.

Composer les mélanges

Lorsque vous connaîtrez un grand nombre d'huiles simples, la composition de mélanges vous viendra naturellement. Vous pouvez vous servir des trente profils d'huiles essentielles donnés dans la deuxième partie pour apprendre les propriétés et les arômes de chaque huile, et quelles huiles s'associent le mieux ensemble.
Les trois principales stratégies pour composer des mélanges d'huiles essentielles sont basées sur :

- **L'arôme.** Les parfumeurs mélangent souvent des huiles essentielles en combinant des fragrances qui se marient bien. Le moyen le plus facile de composer un mélange par l'arôme est de sélectionner trois huiles essentielles, comprenant une note de tête, une note de cœur et une note de fond.

- *Notes de tête.* Les notes de tête sont les arômes qui s'évaporent le plus vite, en général en 1 ou 2 heures. Les huiles essentielles qui donnent des notes de tête comprennent toutes les huiles essentielles d'agrumes, le basilic, l'eucalyptus, la lavande, la menthe poivrée et la menthe verte.
- *Notes de cœur.* Les notes de cœur sont les arômes qui s'évaporent en 2 à 4 heures. Les huiles essentielles qui donnent des notes de cœur comprennent le poivre noir, la camomille, la cannelle, la sauge sclarée, le clou de girofle, le sapin, le géranium, la rose, le romarin, la marjolaine à coquilles, le tea-tree et le thym.
- *Notes de fond.* Les notes de fond sont les arômes qui mettent le plus de temps à s'évaporer, parfois plusieurs jours. Les huiles essentielles qui donnent des notes de fond comprennent le cèdre, l'oliban, le gingembre, le santal, la vanille et le vétiver.

- **Action thérapeutique.** Dans cette méthode de mélange, le choix des huiles essentielles se base sur leur potentiel à cibler un problème physique ou mental aigu. Par exemple, pour faire un mélange visant à nettoyer et à soigner une plaie, vous allez sélectionner des huiles essentielles ayant des propriétés antibactériennes, antiseptiques et peut-être analgésiques (c'est-à-dire, qui soulagent la douleur). En vous servant des trente profils d'huiles essentielles donnés dans la deuxième partie, vous pourrez facilement créer un mélange thérapeutique pour un problème de santé spécifique, bien qu'il puisse ne pas fonctionner de la même manière pour tout le monde.

- **Chimie.** Cette méthode est le plus souvent utilisée par des aromathérapeutes cliniciens qui ont suivi une formation avancée sur la composition chimique des huiles, leurs effets thérapeutiques, les techniques avancées de mélange et les mesures de sécurité. Puisque ce livre constitue une introduction, nous n'apprendrons pas à mélanger les huiles essentielles selon leur composition chimique. Si vous voulez en savoir plus sur l'art et la science du mélange d'huiles essentielles, consultez *Aromatherapeutic Blending: Essential Oils in Synergy* par Jennifer Peace Rhind.

Vous pouvez facilement créer des mélanges à des fins aromatiques et thérapeutiques pour convenir à tous vos besoins. Je vous suggère de commencer par deux huiles essentielles, puis d'en ajouter davantage à vos mélanges au fur et à mesure que vous vous familiariserez avec elles. Réfléchissez aux questions suivantes avant de commencer, afin de pouvoir confectionner le mélange qui réponde au mieux à vos besoins :

Quel est le but ? Définir votre but vous aidera à choisir une méthode pour créer votre mélange. Si vous voulez un parfum ou une eau de Cologne, le meilleur moyen est de baser votre mélange sur l'arôme. Si vous cherchez à soulager des muscles douloureux, il vaut mieux choisir un mélange basé sur l'action thérapeutique.

Qui va s'en servir ? La réponse à cette question va déterminer les huiles essentielles que vous pouvez utiliser sans risque et leur taux de dilution adéquat.

Y a-t-il des risques dont il faut tenir compte ? Réfléchissez à l'âge et à la santé de la personne qui va se servir du mélange. Il est aussi important de réfléchir aux interactions possibles avec les médicaments et le risque de phototoxicité (c'est-à-dire, si l'utilisateur peut s'exposer au soleil après avoir utilisé des huiles essentielles).

Substitution

L'une des questions que j'entends le plus souvent est : « Par quelle huile essentielle puis-je remplacer l'huile de ___? » Si la réponse est parfois simple, il faut souvent faire autre chose que de trouver des arômes similaires pour parvenir à la bonne substitution. Voici trois méthodes différentes que vous pouvez utiliser pour choisir une huile essentielle de substitution pour n'importe quelle recette :

Substitutions aromatiques. Quand vous faites une substitution basée sur des arômes similaires, il est utile de choisir des huiles essentielles de la même famille. Les familles d'odeurs comprennent les odeurs hespéridées, boisées, terreuses, florales, épicées, mentholées et médicinales.

Substitutions thérapeutiques. Quand on choisit des huiles de substitution en se basant sur les objectifs thérapeutiques, il faut se concentrer sur les huiles essentielles qui ont des propriétés thérapeutiques identiques ou similaires.

Similitudes chimiques. En définitive, c'est la chimie qui donne à une huile essentielle ses propriétés thérapeutiques. C'est une méthode de substitution plus avancée, et le livre de Robert Tisserand, *Essential Oil Safety*, contient des profils chimiques utiles si vous avez envie d'en savoir davantage.

Si vous n'avez pas une huile essentielle indiquée dans une recette, n'hésitez pas à lui trouver un substitut en vous servant de mes suggestions dans la section suivante.

PARTIE II

PROFILS DES HUILES

Les huiles essentielles et les huiles porteuses sont au cœur de l'aromathérapie et, ensemble, elles peuvent donner des résultats miraculeux.
On suppose souvent que l'aromathérapie n'implique que des huiles essentielles, mais les huiles porteuses sont tout aussi importantes. Dans cette deuxième partie, nous verrons plus en détail les huiles porteuses : ce qu'elles sont, leur importance et leurs emplois. Dans le chapitre 3, je donnerai les dix huiles porteuses qui ont le meilleur rapport qualité-prix et dont vous devriez disposer ; et je vous parlerai de cinq de mes huiles de luxe préférées pour la peau et les cheveux.
Pour finir, dans le chapitre 4, vous trouverez trente profils individuels des huiles essentielles les plus populaires, qui figurent dans les recettes de ce livre.

CHAPITRE 3

Huiles porteuses populaires

Beaucoup de gens confondent huiles porteuses et huiles essentielles, mais ce sont deux choses différentes. Les huiles essentielles sont volatiles (ce qui veut dire qu'elles s'évaporent) et extrêmement concentrées, tandis que les huiles porteuses sont des huiles végétales grasses qui sont obtenues par pression à froid à partir de graines, de noix ou de noyaux, et qui sont utilisées pour diluer et « porter » les huiles essentielles. Souvent utilisées en cosmétique pour leurs propriétés hydratantes, les huiles porteuses sont riches en nombreuses vitamines et en nombreux minéraux dont notre peau et nos cheveux ont besoin. Toutes vos lotions, beurres corporels, après-shampooings et savons contiennent des huiles porteuses. Comme les huiles essentielles, chaque huile porteuse a des propriétés distinctes qui la rendent spéciale.

Certaines huiles sont plus lourdes que d'autres et sont très efficaces pour hydrater la peau et les cheveux secs, tandis que d'autres sont beaucoup plus légères et meilleures pour équilibrer les peaux grasses ou acnéiques ou les cuirs chevelus trop gras. Dans ce chapitre, vous en apprendrez davantage sur les huiles porteuses les plus populaires et sur leurs nombreuses utilisations.

Huile d’amande douce

Obtenue par pression à froid à partir de noyaux d’amandes douces, l’huile d’amande douce est une huile multi-usages qui pénètre dans la peau à une vitesse moyenne. Huile abordable qui peut être utilisée seule ou en combinaison avec d’autres huiles porteuses, l’huile d’amande douce est connue pour stimuler la production de collagène et protéger contre les ultra-violets.

Bonne pour : utilisée pour une application locale dans des pommades, des lotions et des crèmes, l’huile d’amande douce peut traiter les brûlures et blessures superficielles, les dermatites et l’eczéma. On en ajoute souvent à des hydratants pour le visage, à des lotions et à des bains, parce qu’elle contribue à donner à la peau un aspect lisse, jeune et sans imperfections.

Avantages et inconvénients : l’huile d’amande douce est fantastique pour tous les types de peau mais peut provoquer une réaction chez les personnes allergiques aux noix. Cette huile hydratante a un taux comédogénique de 2, ce qui signifie qu’elle peut boucher les pores des gens à la peau grasse ou acnéique si elle n’est pas diluée avec des huiles porteuses plus légères.

Risques et sécurité : l’huile d’amande douce est faite avec des amandes, un genre de noix, et les personnes allergiques aux noix devraient donc s’en servir avec prudence. Si vous êtes allergique aux noix, consultez votre médecin avant de vous en servir. Remarquez aussi qu’il ne faut pas confondre l’huile d'amande douce et l'huile d'amande amère, qui a des propriétés toxiques.

Stockage : stockée dans de bonnes conditions, l'huile d'amande douce a une durée de vie d'un an. Pour qu'elle dure plus longtemps, stockez-la dans un endroit frais à l'abri de la lumière. La réfrigération n'est pas nécessaire.

Recommandations : on peut se servir de l'huile d'amande douce seule ou en combinaison avec d'autres huiles porteuses dans toutes les recettes de ce livre. Elle est aussi riche en soufre, un répulsif naturel pour les tiques, ce qui en fait un complément hydratant parfait pour tout spray insectifuge, y compris pour les sprays contre les puces et les tiques de votre chien.

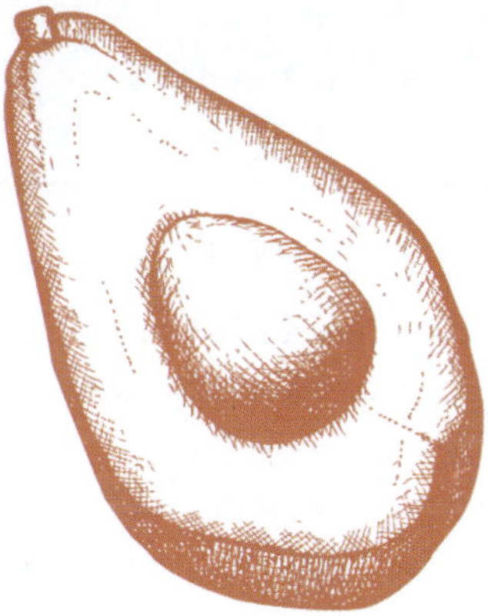

Huile d’avocat

Obtenue par pression à froid à partir de la chair de l’avocat, l’huile d’avocat est une huile végétale lourde qui est absorbée lentement par la peau et ne laisse pas de résidu gras. Cette huile très abordable est riche en vitamines A, B, D et E, et en bêta-carotène. C’est aussi une huile très pénétrante, ce qui la rend parfaitement adaptée aux peaux et aux cheveux secs, matures ou endommagés par le soleil.

Bonne pour : l’huile d’avocat est surtout adaptée aux applications régénératives et hydrantes, dont des crèmes pour les yeux, les beurres corporels et les après-shampooings revitalisants. Ajoutée en petite quantité à votre crème hydratante préférée, l’huile d’avocat peut contribuer à lisser les ridules et les rides tout en réhydratant votre peau et en améliorant sa texture.

Avantages et inconvénients : l’huile d’avocat est une huile très nutritive qui fonctionne mieux diluée avec d’autres huiles porteuses plus légères. Elle a un taux comédogénique de 3, ce qui signifie qu’elle peut boucher les pores et provoquer des éruptions ; il est dont particulièrement important de la diluer quand on s’en sert sur le visage. Non seulement l’huile d’avocat nourrit et renforce les cheveux, mais elle favorise aussi la repousse des cheveux.

Risques et sécurité : aucun effet indésirable connu n’a été signalé.

Stockage : stockée dans de bonnes conditions, l’huile d’avocat a une durée de vie de 12 à 18 mois. Pour qu’elle dure plus longtemps, stockez-la dans un flacon sombre et dans un endroit frais à l'abri de la lumière. La réfrigération est recommandée.

Recommandations : pour les peaux sèches ou matures, on peut ajouter de l'huile d'avocat en petite quantité aux hydratants faciaux, aux crèmes pour le visage et aux crèmes pour les yeux. Appliquez quelques gouttes d'huile d'avocat chaque jour sur vos talons pour maintenir la peau souple et lisse. Pour un après-shampooing qui favorise la repousse des cheveux, combinez 3 cL d'huile d'avocat et 9 gouttes d'huile essentielle de romarin, et appliquez sur vos cheveux, en travaillant des pointes au cuir chevelu. Couvrez vos cheveux avec un bonnet de douche pendant 10 à 15 minutes. Lavez-vous deux fois les cheveux et utilisez votre après-shampooing habituel.

Huile de chanvre

Obtenue par pression à froid à partir de graines de chanvre, cette huile légère et nourrissante est rapidement absorbée par la peau, ne laissant pas de résidu huileux. L'huile de chanvre est très hydratante pour la peau et les cheveux, et convient à tous les types de peau. Cette huile végétale verte au parfum de noisette est aussi l'une des huiles porteuses les plus nutritives.

Bonne pour : l'huile de chanvre est mon huile végétale préférée. C'est l'huile de base parfaite pour les hydratants visage, les beurres corporels et les lotions. Si cette huile est excellente pour tous les types de peau, il fait signaler que c'est le meilleur choix pour les peaux grasses ou acnéiques. L'huile de chanvre est merveilleuse pour les traitements capillaires revitalisants, parce qu'elle peut apaiser les inflammations du cuir chevelu, équilibrer un cuir chevelu gras, favoriser la pousse des cheveux et laisser vos cheveux doux et soyeux.

Avantages et inconvénients : il n'y a aucun désavantage à se servir d'huile de chanvre. Elle est excellente pour tous les types de peau, dont les peaux grasses ou acnéiques et les peaux sèches. Elle a un taux comédogénique de 0, ce qui signifie qu'elle ne va pas boucher les pores et qu'elle pénètre facilement ; c'est donc une huile excellente pour les massages et comme huile végétale dans des applications en aromathérapie.

Risques et sécurité : aucun effet indésirable connu n'a été signalé.

Stockage : stockée dans de bonnes conditions, l'huile de chanvre a une durée de vie d'un an. Pour qu'elle dure plus longtemps, stockez-la dans un endroit frais à l'abri de la lumière. La réfrigération est recommandée.

Recommandations : l'huile de chanvre est souvent utilisée dans ce livre pour les recettes de soin pour le visage, la peau et les cheveux. Elle peut facilement être utilisée seule ou combinée avec des huiles plus riches pour hydrater la peau et les cheveux sans laisser d'impression grasse. Est-ce que vous vous nettoyez le visage avec de l'huile ? L'huile de chanvre fonctionne extrêmement bien seule ou combinée à de l'huile de ricin comme nettoyant visage naturel pour tous les types de peau. Combinez 3 cL (2 cuillères à soupe) d'huile de chanvre avec 3 gouttes d'huile essentielle de coriandre, 3 gouttes d'huile essentielle de pamplemousse et 3 gouttes d'huile essentielle de lavande. Appliquez l'huile sur un visage sec, en massant les zones à problème. Rincez votre visage à l'eau chaude avec un gant de toilette propre. N'oubliez pas d'appliquer ensuite une lotion tonique et un hydratant (voir chapitre 8, page 182, pour les recettes).

Huile de jojoba

Obtenue par pression à froid à partir de la graine du jojoba, cette huile n'en est pas une du tout ; il s'agit d'une cire liquide qui pénètre dans la peau à un taux moyen sans laisser de résidu gras. Connue pour avoir une composition chimique très proche du sébum de la peau humaine, l'huile de jojoba est souvent utilisée pour les peaux grasses ou acnéiques, mais elle peut profiter à tous les types de peau.

Bonne pour : on peut souvent trouver de l'huile de jojoba dans des produits de soin pour le visage, la peau et les cheveux. C'est une huile nourrissante qui fonctionne bien pour les peaux grasses ou acnéiques en raison de son aptitude à dissoudre doucement la saleté et les graisses sans laisser aucun résidu. L'huile de jojoba est un merveilleux complément pour les lotions, les beurres corporels et les hydratants pour le visage.

Avantages et inconvénients : si l'huile de jojoba est une excellente huile végétale pour des applications en aromathérapie, elle est souvent plus chère que d'autres huiles porteuses. Je recommande cette huile comme additif de luxe pour vos produits de soin de la peau. Elle a un a taux comédogénique de 2, ce qui signifie qu'elle peut boucher les pores.

Risques et sécurité : aucun effet indésirable connu n'a été signalé.

Stockage : stockée dans de bonnes conditions, l'huile de jojoba a une durée de vie de cinq ans Pour qu'elle dure plus longtemps, stockez-la dans un endroit frais à l'abri de la lumière. La réfrigération n'est pas nécessaire.

Recommandations : l'huile de jojoba peut être utilisée sur la peau, les cheveux et les ongles, seule ou combinée à une autre huile végétale. Vous pouvez passer un bon moment en organisant une réunion masque d'argile et cocktail mimosa, et en proposant à toutes vos amies d'essayer ce masque fait maison :

1. Combinez 5 gouttes d'huile de jojoba, 2 cuillères à soupe d'argile de ghassoul et 3 gouttes d'huile essentielle d'ylang-ylang dans un bol en verre.
2. Ajoutez une petite quantité d'eau pour activer l'argile et mélangez jusqu'à obtenir la consistance d'une pâte.
3. Appliquez votre masque d'argile détoxifiant et dégustez vos cocktails mimosa, pendant 15 à 20 minutes, puis rincez.
4. Appliquez ensuite une lotion tonique et hydratante (voir page 192 pour la recette de la lotion tonique).

Huile de noix de coco

Vous pourrez trouver deux types d'huile de noix de coco à pression à froid dans ce livre : non raffinée et fractionnée. L'huile de noix de coco non raffinée a une légère odeur de noix de coco, elle peut être solide ou liquide selon la température et c'est une huile lourde qui pénètre la peau à une vitesse moyenne. L'huile de noix de coco fractionnée, en revanche, n'a pas d'odeur, reste liquide quelle que soit la température et c'est une huile moyenne rapidement absorbée.

Bonne pour : l'huile de noix de coco est bien connue dans le monde entier pour ses nombreux usages. Tout à fait abordable, elle est bonne pour toutes sortes d'applications, dont les soins pour les cheveux, les soins hydratants pour la peau et les pommades et onguents antibactériens. On se sert souvent d'huile de noix de coco fractionnée en flacons roll-on pour aromathérapie, parce que c'est l'option la plus abordable.

Avantages et inconvénients : bien qu'elle soit présentée comme un excellent hydratant pour le visage, l'huile de noix de coco a un taux comédogénique de 4, ce qui signifie qu'elle va boucher les pores de la peau. C'est un bon hydratant pour le reste du corps et pour les cheveux, mais il faut éviter de s'en servir dans des recettes pour soins du visage. L'huile de noix de coco non raffinée est si polyvalente qu'elle peut être utilisée tout à la fois comme crème hydratante, baume à lèvres et onguent antibactérien.

Risques et sécurité : les personnes allergiques à la noix de coco doivent éviter de se servir de cette huile.

Stockage : stockée dans de bonnes conditions, l'huile de noix de coco a une durée de vie de deux à quatre ans. Pour qu'elle dure plus longtemps, stockez-la dans un endroit frais à l'abri de la lumière. La réfrigération n'est pas nécessaire. Si l'huile de noix de coco fractionnée reste liquide quelle que soit la température, l'huile de noix de coco non raffinée se solidifie quand la température descend en dessous de 24,5 °C, mais vous pouvez facilement la faire fondre en la réchauffant entre vos mains.

Recommandations : l'huile de noix de coco non raffinée est l'huile que j'utilise le plus souvent dans les recettes de pommades de ce livre, tandis que l'huile de noix de coco fractionnée est le plus souvent utilisée dans les recettes de roll-on pour aromathérapie. Si vous avez des soucis de peau sèche par temps froid, vous comprendrez pourquoi l'huile de noix de coco non raffinée est l'un des principaux ingrédients dans la recette du beurre corporel fouetté. Elle est parfaite pour l'hiver !

Huile de noyau d'abricot

Obtenue à partir des noyaux d'abricots, riches en huile, l'huile de noyau d'abricot est une huile légère rapidement absorbée par la peau sans laisser de résidu gras. Cette huile abordable est riche en vitamines A et E, et ressemble beaucoup au sébum naturel de la peau.

Bonne pour : l'huile de noyau d'abricot est très hydratante, ce qui en fait l'huile idéale pour revitaliser les cheveux secs et les peaux sèches. On peut s'en servir dans des huiles hydratantes pour le visage, des beurres corporels et des crèmes pour les yeux, pour lisser les rides et les ridules. L'huile de noyau d'abricot peut aussi être utilisée comme huile thérapeutique dans des onguents pour les coupures, les égratignures, les démangeaisons et les gerçures.

Avantages et inconvénients : si l'huile de noyau d'abricot est excellente pour les peaux sèches ou matures, employée seule, elle peut être excessive pour les peaux grasses ou acnéiques. Diluez-la avec de l'huile de chanvre pour bénéficier de ses avantages sans boucher les pores de la peau. Riche en vitamines A et E, l'huile de noyau d'abricot a un taux comédogénique de 2, ce qui signifie qu'elle ne bouchera pas les pores de la plupart des gens ; c'est donc une huile excellente pour des nettoyants visage et des crèmes hydratantes.

Risques et sécurité : si vous êtes allergique aux noix, vous pouvez vous servir d'huile de noyau d'abricot au lieu d'huile d'amande douce.

Stockage : stockée dans de bonnes conditions, l'huile de noyau d'abricot a une durée de vie d'un an. Pour qu'elle dure plus longtemps, stockez-la dans un flacon sombre et dans un endroit frais à l'abri de la lumière. La réfrigération est optionnelle.

Recommandations : pour les peaux sèches ou matures, l'huile de noyau d'abricot peut être utilisées dans toutes les recettes de ce livre. Pour un après-shampooing revitalisant, combinez 3 cL d'huile de noyau d'abricot avec 5 gouttes d'huile essentielle d'orange douce et appliquez sur les pointes de vos cheveux. Couvrez-vous la tête d'un bonnet de douche et laissez reposer 10 à 15 minutes. Lavez-vous deux fois les cheveux et utilisez votre après-shampooing habituel.

Huile d'olive

Obtenue par pression à froid à partir de noyaux d'olives, cette huile lourde et nutritive pénètre dans la peau à une vitesse moyenne et laisse un résidu légèrement gras. Utilisée pendant des siècles par les Grecs pour toutes sortes de choses, des soins de la peau jusqu'à l'hydratation, l'huile d'olive est très abordable et peut être utilisée avec (ou à la place) de l'huile de noix de coco dans toutes vos pommades thérapeutiques.

Bonne pour : l'huile d'olive est polyvalente et hydratante. C'est l'huile de base idéale pour les pommades thérapeutiques, les beurres corporels, les crèmes de rasage et les après-shampooings. Elle est raisonnablement fluide, ce qui la rend parfaite pour les massages d'aromathérapie.

Avantages et inconvénients : on trouve facilement de l'huile d'olive à des prix divers. C'est une huile précieuse pour la cuisine, les remèdes à base de plante et toute la maison. Avec un taux comédogénique de 2, l'huile d'olive peut boucher les pores des gens qui ont une peau acnéique ou grasse et devrait être diluée avec une huile végétale plus légère quand on l'applique sur le visage.

Risques et sécurité : pour profiter au maximum des bienfaits de l'huile d'olive, n'utilisez que de l'huile d'olive vierge extra pour vos soins de beauté. L'huile d'olive raffinée peut contenir des restes de produits chimiques dus au processus de raffinage.

Stockage : stockée dans de bonnes conditions, l'huile d'olive a une durée de vie de deux ans. Pour qu'elle dure plus longtemps, stockez-la dans un endroit frais à l'abri de la lumière. La réfrigération n'est pas nécessaire.

Recommandations : si l'huile d'olive est souvent une huile incontournable pour les onguents et pommades thérapeutiques de ce livre, elle constitue aussi un excellent complément hydratant pour les beurres corporels, les crèmes pour les yeux et les exfoliants sucrés ou salés. Pour un rasage aussi net que possible, il est important de bien préparer la peau en commençant par l'exfolier. Pour préparer rapidement et facilement un exfoliant sucré, combinez 65 cL d'huile d'olive, 100 g de sucre et 25 gouttes d'huile essentielle de pamplemousse. Utilisez l'exfoliant pour lisser votre peau avant de vous raser.

Huile de pépins de courge

Obtenue par pression à froid à partir de pépins de courge, cette huile riche en vitamines pénètre dans la peau assez lentement et ne laisse pas de résidu gras. L'huile de pépins de courge est souvent utilisée en cuisine, mais ses grandes qualités thérapeutiques pour la peau gagnent en popularité dans le monde des cosmétiques. Riche en acides gras oméga-3 et en vitamines A, C et E, elle est parfaite pour les peau sèches et matures.

Bonne pour : l'huile de pépins de courge est une huile hydratante riche qui fonctionne mieux combinée avec d'autres huiles porteuses. On s'en sert souvent dans des produits pour soins de la peau destinés aux peaux matures et vieillissantes, en raison de ses propriétés antioxydantes, qui la rendent efficace pour bannir les vergetures, les cicatrices et les rides. Cette huile est aussi un très bon complément pour les beurres corporels, les hydratants pour le visage et les traitements revitalisants pour cheveux.

Avantages et inconvénients : l'huile de pépins de courge est souvent plus chère que d'autres huiles porteuses et doit être réfrigérée. Si elle est excellente pour les peaux sèches et matures, elle est bonne pour tous les types de peau. Avec un taux comédogénique de 2, cette huile peut boucher les pores des peaux grasses ou acnéiques quand elle n'est pas diluée avec une autre huile.

Risques et sécurité : aucun effet indésirable connu n'a été signalé.

Stockage : stockée dans de bonnes conditions, l'huile de pépins de courge a une durée de vie d'un an. Pour qu'elle dure plus longtemps, stockez-la dans votre réfrigérateur.

Recommandations : l'huile de pépins de courge est un excellent complément pour toutes les recettes de soin pour la peau, les lèvres et les cheveux qui figurent dans ce livre. Très bonne pour lisser et hydrater les cheveux, tout en favorisant leur pousse, l'huile de pépins de courge fait un très bon traitement pour les barbes.

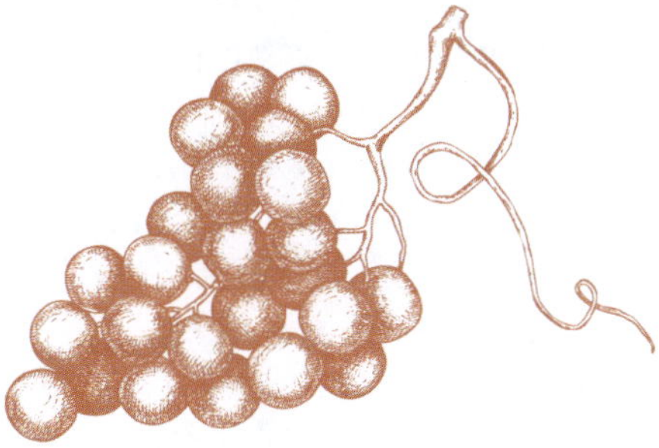

Huile de pépins de raisin

Obtenue par pression à froid à partir de pépins de raisin, l'huile de pépins de raisin est une huile très légère qui pénètre la peau rapidement et ne laisse pas de résidu huileux. Cette huile abordable est sans odeur, et c'est l'une des huiles porteuses les plus légères disponibles.

Bonne pour : riche en vitamine E, l'huile de pépins de raisin est ma préférée pour les parfums, parce qu'elle a tendance à retenir l'odeur plus longtemps que les autres huiles porteuses. Riche en antioxydants, elle est souvent utilisée dans des applications pour peaux matures, lissant les rides et les ridules tout en tonifiant et retendant la peau.

Avantages et inconvénients : l'huile de pépins de raisin est excellente pour tous les types de peau, mais elle est surtout efficace pour les peaux grasses ou acnéiques. Elle a un taux comédogénique de 1, ce qui signifie qu'elle ne va pas boucher les pores. Facilement absorbée, l'huile de pépins de raisin est l'huile végétale idéale pour les massages, les soins de la peau et les parfums.

Risques et sécurité : aucun effet indésirable connu n'a été signalé.

Stockage : stockée dans de bonnes conditions, l'huile de pépins de raisin a une durée de vie d'un an. Pour qu'elle dure plus longtemps, stockez-la dans un endroit frais à l'abri de la lumière. La réfrigération n'est pas nécessaire.

Recommandations : l'huile de pépins de raisin est une merveilleuse huile végétale pour toutes les applications de ce livre, surtout pour équilibrer les peaux grasses et pour guérir les imperfections de la peau. Pour un simple hydratant quotidien adapté aux peaux grasses ou acnéiques, combinez 3 cL d'huile de pépins de raisin avec 3 gouttes d'huile essentielle de citron et 3 gouttes d'huile essentielle de lavande. Frottez entre vos paumes 3 à 5 gouttes de cet hydratant et appliquez doucement sur un visage propre.

Huile de ricin

Obtenue par pression à froid à partir de grains de ricin, l'huile de ricin est une huile épaisse, absorbée lentement, qui peut être asséchante quand on l'utilise seule. Cette huile abordable est riche en acide ricinoléique et en acides gras oméga-6, ce qui la rend très appréciée pour la pousse des cheveux et le nettoyage de la peau. L'huile de ricin est excellente pour les peaux grasses ou acnéiques et matures.

Bonne pour : l'huile de ricin est un excellent complément à tout produit de soin pour les cheveux ; elle laisse les cheveux hydratés, brillants et lisses. Cette huile hydratante est bien connue pour sa capacité à stimuler la pousse des cheveux et des poils, y compris les cils. On ajoute souvent de l'huile de ricin à des savons, des lotions et des baumes pour les lèvres, surtout parce qu'elle ajoute un fini lustré.

Avantages et inconvénients : l'huile de ricin est une huile relativement sèche, et fonctionne mieux quand elle est diluée avec d'autres huiles porteuses. Cette huile a un taux comédogénique de 1, ce qui signifie qu'elle ne va pas boucher les pores de la peau et qu'elle est parfaitement adaptée aux peaux grasses ou acnéiques. L'huile de ricin est la meilleure huile végétale pour favoriser la pousse des cheveux.

Risques et sécurité : certaines personnes peuvent avoir des irritations de la peau s'ils se servent d'huile de ricin non diluée avec une autre huile végétale, donc la dilution est recommandée pour des applications sur la peau.

Stockage : stockée dans de bonnes conditions, l'huile de ricin a une durée de vie de cinq ans. Pour qu'elle dure plus longtemps, stockez-la dans un endroit frais à l'abri de la lumière. La réfrigération n'est pas nécessaire.

Recommandations : l'huile de ricin est un ingrédient de nombreuses recettes de ce livre pour le soin des lèvres, des cheveux et du visage. Si vous voulez ajouter du volume à vos cils, appliquez-y de l'huile de ricin à l'aide d'une brosse à mascara propre le soir, avant de vous coucher ; et la longueur de vos cils fera des envieux !

Autres huiles porteuses

Les huiles porteuses indiquées dans ce livre ne sont pas les seules que vous pouvez utiliser pour créer des produits personnalisés pour le soin du visage, des cheveux et de la peau. Pour accroître la puissance de vos compositions vous pouvez y ajouter beaucoup des huiles porteuses les plus chères.

Voici cinq de mes préférées :

Huile d'argan. Riche en acides gras et en vitamine E, l'huile d'argan est bien connue pour sa capacité à hydrater et à lisser les cheveux, la peau et les ongles. Connue sous le nom d' « or liquide », elle peut apaiser les peaux enflammées tout en rendant moins visibles les ridules et les rides.

Huile d'onagre. Traditionnellement appelée la « panacée du roi » en raison de sa grande gamme de propriétés thérapeutiques et de ses bienfaits « majestueux », l'huile d'onagre apaise et hydrate la peau, les cheveux et le cuir chevelu, tout en maintenant leur élasticité.

Huile de pépins de grenade. Huile profondément pénétrante, l'huile de pépins de grenade stimule la production de collagène, renforce l'élasticité de la peau et favorise la guérison des dégâts subis par la peau et des cicatrices. Elle peut être un peu chère, puisqu'il faut plus de cent kilos de pépins de grenade pour produire une seule livre d'huile de pépins de grenade !

Huile d'églantier. L'huile d'églantier est une huile fantastique pour les cicatrices et les vergetures. Cette huile facilement absorbée par la peau est riche en vitamines A, C et E, et en acides gras ; elle peut donc atténuer les ecchymoses et contribuer à stimuler la production de collagène. En plus d'adoucir et d'hydrater la peau, l'huile d'églantier a des propriétés régénératives qui permettent de lisser les rides et les ridules, d'effacer les cicatrices et de protéger contre les vergetures.

Huile de tamanu. L'huile de tamanu est une huile épaisse qui pénètre lentement dans la peau, mais qui apporte une myriade d'avantages sur le plan thérapeutique. Connue sous le nom d' « or vert », cette huile luxueuse est fantastique pour les soins de la peau et des cheveux. L'huile de tamanu favorise des cheveux plus longs et plus forts, atténue les ridules et les rides, et chasse la cellulite.

CHAPITRE 4

Trente huiles essentielles pour débutants

Les huiles essentielles sont composées d'une combinaison complexe de constituants chimiques qui déterminent leurs fonctions. Ceci signifie qu'il n'y a pas deux huiles identiques, mais qu'elles partagent toutes un grand nombre de qualités, d'éléments chimiques et de propriétés thérapeutiques. Il est essentiel à votre voyage en aromathérapie que vous consacriez du temps à découvrir chaque huile, pour apprendre ce qu'elles peuvent faire. Il en existe un très grand nombre, mais j'ai sélectionné les trente huiles essentielles ci-dessous en me basant sur leur popularité, leur prix et leurs multiples emplois. En vous familiarisant avec les propriétés de chaque huile, vous apprendrez à composer des mélanges d'aromathérapie uniques pour répondre à vos besoins.

Basilic

Ocimum basilicum

FRAÎCHE, VERTE, HERBACÉE

Origines : Égypte, Hongrie, Inde, États-Unis.

Méthode d'extraction : les feuilles de la plante sont distillées à la vapeur.

Description : l'huile essentielle de basilic est jaune pâle à translucide et a une consistance très fluide. Son odeur douce, herbacée et fraîche a des notes balsamiques et boisées.

Précautions : les femmes enceintes ou allaitantes doivent consulter leur médecin avant de se servir d'huile essentielle de basilic. En application locale, une dilution maximale de 3,3 %, ou 30 gouttes d'huile pour 3 cL (2 cuillères à soupe) d'huile végétale est recommandée. Évitez de vous en servir avec des enfants de moins de 2 ans. Il est conseillé aux personnes atteintes d'épilepsie de ne pas s'en servir.

Utilisations : flatulences, digestion, constipation, mémoire, concentration, lucidité intellectuelle, toux, congestion, bronchite, emphysème, renforce le système immunitaire, maux de tête, brûlures, morsures d'insectes, crampes menstruelles, douleurs musculaires, arthrite, énergie, germicide, désinfectant de surface, fièvres, stress, anxiété, remonte le moral, rétention d'eau, peau grasse ou acnéique, clarté de la peau, cuir chevelu gras, désinfectant pour la maison.

Applications : l'huile essentielle de basilic est souvent utilisée en application localisée, par exemple en pommade et en huile de massage, pour soulager les spasmes musculaires, les crampes menstruelles, les douleurs arthritiques, les flatulences et l'indigestion.

Ajoutée à un diffuseur, à un roll-on d'aromathérapie ou à un fondant parfumé, le basilic peut apaiser le stress et l'anxiété et contribuer à améliorer la lucidité intellectuelle, la concentration et l'énergie. L'huile essentielle de basilic est souvent utilisée dans des sprays nettoyants antiseptiques, des liquides vaisselle et des sprays insectifuges pour le corps et la maison. Combinez 3 gouttes d'huile essentielle de basilic et 5 gouttes d'huile essentielle de lavande avec 6 cL de bain moussant pour un bain revigorant et relaxant pour les muscles comme pour l'esprit.

Actions thérapeutiques : analgésique, antibactérienne, antidépresseur, anti-inflammatoire, antimicrobienne, antioxydante, antispasmodique, antivirale, carminative, digestive, emménagogue, expectorante, fébrifuge, nervine, stimulante.

S'associe bien avec : bergamote, camomille, coriandre, eucalyptus, sapin, gingembre, pamplemousse, lavande, citron, lemongrass, rosalina, rose, menthe verte, marjolaine à coquilles, orange douce, tea-tree.

Substituts : bergamote, lavande, romarin.

Bergamote

Citrus bergamia

VIVE, HESPÉRIDÉE, HEUREUSE

Origines : France et Italie.

Méthode d'extraction : l'écorce du fruit est pressée à froid.

Description : la couleur de l'huile essentielle de bergamote va de jaune vif à vert foncé. Elle a une odeur vive et hespéridée avec des notes fraîches et florales.

Précautions : pour les applications localisées, cherchez de la bergamote sans bergaptène (FCF) pour éviter la phototoxicité si vous vous exposez au soleil.

Utilisations : douleurs musculaires, arthrite, maux de tête, soins de la peau, acné, soulage les démangeaisons et les irritations, gonflements, nettoie les pores, stimule la pousse des cheveux, rafraîchit l'air, flatulences, indigestion, coupe-faim, pied d'athlète, érythème fessier, dépression, anxiété, coupures/égratignures, eczéma, psoriasis, varicelle, désinfectant de surface, dégraissant, insomnie, peau grasse ou acnéique, cuir chevelu gras, améliore la circulation, fièvres.

Applications : l'huile essentielle de bergamote a un nombre infini d'applications. On peut l'ajouter à des pommades et à des huiles de massage pour soulager les douleurs musculaires, les maux de tête, les flatulences et l'indigestion. Ajoutée à des produits de soin pour la peau, y compris des pommades, des nettoyants visage, des lotions toniques et des hydratants, la bergamote peut contribuer à nettoyer et à traiter les coupures et les blessures, l'eczéma et les affections

cutanées des adolescents.
La bergamote est souvent utilisée dans des mélanges pour diffuseur, des roll-ons pour l'aromathérapie et des fondants parfumés pour chasser la mauvaise humeur. Combinez 5 gouttes de bergamote avec 5 gouttes de coriandre dans votre diffuseur pour susciter une atmosphère fraîche et heureuse, tout en tuant les microbes et en stimulant le système immunitaire.

Actions thérapeutiques : analgésique, antibactérienne, antidépresseur, antifongique, anti-inflammatoire, antioxydante, antiseptique, antispasmodique, antivirale, aphrodisiaque, coupe-faim, astringente, carminative, digestive, diurétique, déodorante, expectorante, fébrifuge, sédative.

S'associe bien avec : basilic, cèdre, camomille, citronnelle, sauge sclarée, coriandre, cyprès, eucalyptus, sapin, gingembre, pamplemousse, lavande, citron, lemongrass, rosalina, rose, marjolaine à coquilles, orange douce, tea-tree.

Substituts : coriandre, pamplemousse, orange douce.

Camomille romaine

Anthemis nobilis, Chamaemelum nobile

DOUCE, APAISANTE, HERBACÉE ; ODEUR DE POMME

Origines : Chine, France, Royaume-Uni, États-Unis.

Méthode d'extraction : les sommités fleuries sont distillées à la vapeur.

Description : la camomille romaine est jaune pâle et a une odeur douce et herbacée, semblable à celle d'une pomme.

Précautions : ne doit pas être utilisée par les personnes souffrant d'allergies à l'ambroisie.

Utilisations : remèdes pour les enfants, coliques, poussée dentaire, insomnie, anxiété, douleurs musculaires, ménopause, syndrome prémenstruel, crampes, maux de tête, diarrhée, indigestion, dépression, rides, peau sèche, acné, tétons secs ou craquelés, érythème fessier, otites, fièvres, blessures infectées.

Applications : l'huile essentielle de camomille romaine est très douce et peut être utilisée pour un grand nombre d'application localisées, dont des pommades thérapeutiques, des soins de la peau et des crèmes de nuit, des massages, des bains avant de se mettre au lit, des baumes pour les seins de maman, des baumes pour les fesses de bébé, des compresses et des bains pour soulager la douleur des crises de croissance. La camomille est aussi thérapeutique quand on s'en sert dans des diffuseurs, des fondants parfumés, des roll-ons pour aromathérapie et des inhalateurs personnels. Si des monstres dans le placard tiennent votre enfant éveillé la nuit, ajoutez 20 gouttes d'huile essentielle de lavande et 20 gouttes d'huile essentielle de camomille romaine à un vaporisateur de 12 cL et complétez avec de l'eau. Secouez bien avant de vous en servir et vaporisez sur les endroits effrayants pour apaiser les peurs de votre enfant et lui offrir une bonne nuit de sommeil.

Actions thérapeutiques : analgésique, antibactérienne, anti-inflammatoire, antimicrobienne, antinévralgique, antiseptique, antispasmodique, bactéricide, carminative, digestive, emménagogue, fébrifuge, hépatique, sédative, sudorifique, vulnéraire.

S'associe bien avec : bergamote, sauge sclarée, coriandre, eucalyptus, géranium, gingembre, pamplemousse, lavande, citron, rosalina, rose, marjolaine à coquilles, orange douce, tea-tree.

Substituts : bergamote, sauge sclarée, lavande.

Cèdre de l'Atlas

Cedrus atlantica

FUMÉE, BALSAMIQUE, BOISÉE

Origine : Maroc.

Méthode d'extraction : le bois et le feuillage, entre autres, sont distillés à la vapeur.

Description : l'huile essentielle de cèdre de l'Atlas est légèrement jaune-orangée et a une viscosité moyenne. Elle a une douce odeur balsamique avec de profondes notes boisées, comme une forêt après la pluie.

Précautions : aucune.

Utilisations : toux, bronchite, rhumatisme, verrues, éruptions cutanées, allergies, insomnie, tension nerveuse, concentration, apaisante, attention, mucosités, soins de la peau, peau grasse, acné, pellicules, cuir chevelu gras, insectifuge, douleurs musculaires.

Applications : l'huile essentielle de cèdre est largement utilisée dans les répulsifs à insectes et les sprays insecticides. Combinée à l'huile essentielle d'orange douce, il n'y a pas un insecte qu'elle ne puisse combattre ! (Voir chapitre 9, page 204, pour les recettes.) Le cèdre est souvent utilisé en combinaison avec la lavande dans des diffuseurs et des roll-ons pour aromathérapie pour favoriser le calme, la concentration et pour détendre l'esprit avant le sommeil. Diffusée dans un bureau ou une salle de classe, l'huile essentielle de cèdre a une efficacité avérée pour augmenter la concentration intellectuelle, l'attention et même les résultats des étudiants aux examens.

Actions thérapeutiques : antifongique, anti-inflammatoire, antiseptique, antispasmodique, astringente, stimule la circulation sanguine, diurétique, emménagogue, expectorante, insecticide, sédative.

S'associe bien avec : basilic, bergamote, camomille, sauge sclarée, coriandre, oliban, géranium, pamplemousse, lavande, pin, romarin, marjolaine à coquilles, orange douce.

Substituts : lavande, vétiver, cèdre de Virginie.

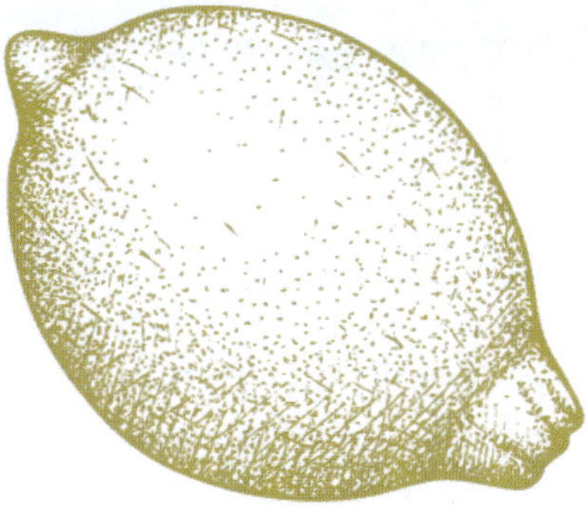

Citron

Citrus limon

VIVE, HESPÉRIDÉE, FRUITÉE

Origines : Italie et États-Unis.

Méthode d'extraction : l'écorce du fruit est soit pressée à froid ou distillée à la vapeur.

Description : la couleur de l'huile essentielle de citron va de jaune clair à jaune pâle et elle a une odeur fraîche de citron pressé vive et piquante.

Précautions : en application locale, l'huile essentielle de citron pressé à froid peut provoquer une réaction phototoxique au soleil. Pour éviter une telle réaction, vous pouvez soit utiliser l'huile de citron par pression à froid à une dilution maximale de 2 % (18 gouttes pour 3 cL d'huile végétale), soit vous servir plutôt d'huile essentielle de citron distillée à la vapeur. L'huile essentielle de citron distillée à la vapeur n'est pas phototoxique.

Utilisations : stress, dépression, lucidité intellectuelle, épuisement, allergies saisonnières, nausée, flatulences, maux d'estomac, coupe-faim, peau grasse ou acnéique, peau sèche et gercée, cicatrices, rides, vergetures, cellulite, soin des cheveux, baume antibactérien, infections fongiques, symptômes du rhume et de la grippe, traitement des coupures et des plaies, fièvres, solution de nettoyage, nettoyant pour bois, spray insectifuge, nettoyant pour moisissure, désodorisant pour toilettes, lessive, désodorisant, stimulateur d'énergie, désinfectant microbien.

Applications : l'odeur piquante et fraîche du citron est pratique pour une grande variété d'applications : pommades, savons, shampooings, huiles de massage, inhalateurs pour aromathérapie, mélanges pour diffuseur, produits de nettoyage, bougies, sprays et bien d'autres. Ajoutée à des pommades thérapeutiques et à des produits de soin pour la peau, l'huile essentielle de citron est capable de nettoyer et de traiter les affections cutanées, de donner à la peau un lustre plus éclatant et de faire disparaître les cicatrices. On ajoute de l'huile essentielle de citron à des mélanges pour diffuseur et à des inhalateurs pour aromathérapie pour mettre de bonne humeur, chasser le stress et stimuler l'énergie. De plus, inhaler du citron permet aussi d'apaiser les allergies saisonnières, de dégager les voies respiratoires et de stimuler la fonction immunitaire. Dans des produits de nettoyage, elle peut dégraisser, retirer les taches et blanchir les enduits moisis de la salle de bains.

Actions thérapeutiques : analgésique, antibactérienne, antidépresseur, antifongique, anti-inflammatoire, antimicrobienne, antioxydante, antirhumatique, antiseptique, antivirale, astringente, bactéricide, bronchodilatatrice, carminative, cicatrisante, digestive, expectorante, fébrifuge, renforce le système immunitaire, vulnéraire.

S'associe bien avec : basilic, bergamote, cèdre, camomille, citronnelle, coriandre, cyprès, eucalyptus, sapin, oliban, géranium, pamplemousse, lavande, origan, romarin, menthe verte, marjolaine à coquilles, orange douce, tea-tree.

Substituts : pamplemousse, lemongrass, citron vert.

Citronnelle

Cymbopogon winterianus

CITRONNÉE,
HESPÉRIDÉE, VIVE

Origines : Chine, Inde, Indonésie, Vietnam.

Méthode d'extraction : l'herbe est distillée à la vapeur.

Description : l'huile essentielle de citronnelle est jaune à jaune-brun, avec une odeur fraîche, hespéridée et herbeuse.

Précautions : aucune.

Utilisations : arthrite et douleurs rhumatismales, douleurs musculaires, névralgies, insectifuge, soins des peaux grasses ou acnéiques, eczéma, dermatite, dépression, transpiration excessive, odeurs corporelles, symptômes du syndrome prémenstruel, soutien contre le rhume et la grippe, crampes menstruelles, mycoses, nettoie et soigne les blessures, renforce le système immunitaire, flatulences, toux, congestion, poux, pellicules, fièvres.

Applications : l'huile essentielle de citronnelle est renommée pour ses capacités insecticides. On peut aussi en ajouter à des pommades, des lotions, des sprays pour le corps et des bougies, entre autres choses, pour chasser et tuer toutes sortes d'insectes. On peut en ajouter à une pommade contenant un mélange pour la respiration (ou à un diffuseur) pour ouvrir les voies aériennes ou apaiser une toux spasmodique. Ses propriétés antifongiques en font un excellent complément pour les pommades antifongiques et les shampooings antipelliculaires. On s'en sert aussi pour soigner l'acné dans les produits nettoyants et tonifiants pour le soin du visage.

Actions thérapeutiques : analgésique, antibactérienne, antidépresseur, antifongique, anti-inflammatoire, antimicrobienne, antiseptique, antispasmodique, astringente, bactéricide, déodorante, diaphorétique, digestive, diurétique, emménagogue, fébrifuge, insecticide, stimulante.

S'associe bien avec : basilic, bergamote, cèdre, coriandre, eucalyptus, sapin, pamplemousse, lavande, citron, lemongrass, pin, rosalina, romarin, orange douce, tea-tree.

Substituts : citron, eucalyptus, lemongrass, mélisse.

Clou de girofle

Syzygium aromaticum

ÉPICÉE, CHAUDE, RÉCONFORTANTE

Origines : Indonésie et Sri Lanka.

Méthode d'extraction : les bourgeons floraux séchés sont distillés à la vapeur.

Description : l'huile essentielle de clou de girofle est jaune et a une odeur chaude et épicée, comme le clou de girofle.

Précautions : l'huile essentielle de clou de girofle est potentiellement un irritant pour la peau et un agent de sensibilisation. Ne vous en servez pas quand vous prenez des inhibiteurs MAO, des ISRS ou des anticoagulants. Ne pas utiliser en application locale sur des enfants de moins de 2 ans. L'huile essentielle de clou de girofle est puissante, donc une dilution maximale de 0,5 % ou 5 gouttes d'huile pour 3 cL (2 cuillères à soupe) d'huile végétale est recommandée.

Utilisations : prévention du rhume et de la grippe, stimule la digestion, rétablit l'appétit, soulage les flatulences, douleurs rhumatismales, arthrite, entorses, soins dentaires, prévention des caries, maux de dents, insectifuge, mauvaise haleine, diarrhée, agent analgésique, infections fongiques, inflammation, poux, sumac occidental, morsures d'insecte.

Applications : l'huile essentielle de clou de girofle peut être appliquée localement par massage, compresses, pommades et roll-ons. On peut aussi s'en servir par inhalation avec des fondants parfumés, des diffuseurs et des inhalateurs personnels et pour débarrasser les surfaces de la maison des microbes infectieux.

Actions thérapeutiques : analgésique, antibactérienne, antifongique, anti-inflammatoire, antimicrobienne, antioxydante, antiseptique, antispasmodique, antivirale, carminative, expectorante, insecticide, stimulante, stomachique.

S'associe bien avec : bergamote, cannelle, citronnelle, sapin, gingembre, pamplemousse, lavande, citron, menthe poivrée, pin, rose, romarin, orange douce, vanille.

Substituts : cannelle, origan.

Coriandre

Coriandrum sativum

VIVE, DOUCE, FRUITÉE

Origines : Hongrie, Russie, Ukraine.

Méthode d'extraction : les grains sont écrasées et distillées à la vapeur.

Description : l'huile essentielle de coriandre a une couleur jaune clair à jaune pâle et une odeur fruitée légèrement douce, épicée et herbacée.

Précautions : aucune.

Utilisations : stress, anxiété, épuisement mental, flatulences, indigestion, crampes menstruelles, douleurs musculaires, arthrite, rhumatisme, dépression, aphrodisiaque, migraines, odeurs corporelles, traitement des coupures et des plaies, brûlures, inflammation, eczéma, dermatite, infections fongiques, renforce le système immunitaire, stimule l'appétit, relaxation, sommeil, acné, renforce les cheveux, pied d'athlète, dermatomycose, nausée, vomissements, désodorisant.

Applications : l'huile essentielle de coriandre est un excellent complément pour toute application. Ajoutée à des pommades, elle peut contribuer à nettoyer et à soigner les blessures, apaiser les inflammations de la peau, combattre le pied d'athlète et les dermatomycoses, et apaiser les crampes menstruelles. L'huile essentielle de coriandre peut être diluée dans de l'huile de massage et appliquée sur l'abdomen en massant pour aider la digestion et soulager les flatulences. On peut aussi l'ajouter à des mélanges pour diffuseur, à des roll-ons pour aromathérapie et à des fondants parfumés pour rafraîchir un endroit et mettre tout le monde de bonne humeur. En cas d'acné, l'huile essentielle de coriandre peut contribuer à nettoyer et à adoucir la peau. Pour un excellent traitement contre les boutons d'acné, combinez 5 gouttes d'huile essentielle de coriandre, 3 gouttes d'huile essentielle de tea-tree et 3 gouttes d'huile essentielle de lavande dans un flacon roll-on pour aromathérapie, et complétez avec de l'huile de chanvre. Appliquez le roll-on directement sur l'éruption de boutons et laissez toute la nuit.

Actions thérapeutiques : analgésique, antibactérienne, antidépresseur, antifongique, anti-inflammatoire, antioxydante, antispasmodique, aphrodisiaque, carminative, déodorante, digestive, fongicide, renforce le système immunitaire, sédative, stimulante.

S'associe bien avec : basilic, bergamote, camomille, sauge sclarée, eucalyptus, sapin, gingembre, pamplemousse, lavande, citron, lemongrass, rosalina, rose, romarin, menthe verte, orange douce.

Substituts : bergamote, lavande, marjolaine à coquilles.

Cyprès

Cupressus sempervirens

BOISÉE, PROPRE, FRAÎCHE

Origines : France, Maroc, Espagne.

Méthode d'extraction : les brindilles et les aiguilles sont distillées à la vapeur.

Description : l'huile essentielle de cyprès est un liquide presque translucide à jaune pâle qui a une nette odeur de cyprès, avec un doux parfum balsamique et une touche de pin ou de baie de genièvre.

Précautions : aucune.

Utilisations : varices veineuses, hémorroïdes, règles abondantes, régulation menstruelle, dysménorrhée, crampes menstruelles, symptômes de la ménopause, bouffées de chaleur sévères, toux, bronchite, coqueluche, traitement des peaux grasses et acnéiques, transpiration excessive, odeurs corporelles, asthme, sinusite, allergies saisonnières, douleurs musculaires, traitement des plaies, fièvres, répulsifs à insectes, problèmes de sommeil, congestion thoracique, traitement du rhume ou de la grippe, désinfectante, odeurs masculines.

Applications : l'huile essentielle de cyprès est un véritable trésor de bienfaits qui peut être utilisé dans de nombreuses applications différentes, dont localement dans des pommades ou des huiles de massage pour les douleurs musculaires, les crampes menstruelles, la toux et la congestion, et les varices veineuses. On peut en mettre des gouttes dans un bain pour la relaxation ou l'ajouter à des sprays et à des bougies pour chasser les insectes dans le jardin. Ajoutée à une lotion tonique ou à un hydratant pour le visage, elle peut tonifier la peau et combattre l'acné.

Si quelqu'un de votre famille a des allergies saisonnières, une sinusite ou une congestion thoracique, diffusez de l'huile essentielle de cyprès dans votre chambre ou dans la vapeur d'une douche bien chaude pour vous aider à mieux respirer. Combinez 10 gouttes d'huile essentielle de cyprès et 4 gouttes d'huile essentielle de citron pour 3 cL (2 cuillères à soupe) d'huile végétale et appliquez localement sur la poitrine à la saison des allergies pour un fonctionnement normal du système respiratoire.

Actions thérapeutiques : analgésique, antibactérienne, anti-inflammatoire, antiseptique, antispasmodique, astringente, décongestionnante, déodorante, diurétique, emménagogue, expectorante, fébrifuge, insecticide, sédative, styptique.

S'associe bien avec : bergamote, cèdre, citronnelle, coriandre, eucalyptus, sapin, oliban, pamplemousse, lavande, citron, rosalina, romarin, marjolaine à coquilles, orange douce, tea-tree.

Substituts : sapin, baie de genièvre, pin.

Eucalyptus

Eucalyptus globulus

HERBACÉE, CAMPHRÉE, RAFRAÎCHISSANTE

Origines : Australie, Chine, Inde, Portugal, Afrique du Sud, Espagne.

Méthode d'extraction : les feuilles sont distillées à la vapeur.

Description : l'huile essentielle d'eucalyptus apparaît en teintes de jaune clair à jaune pâle et a une odeur douce, rafraîchissante et camphrée, avec de douces notes boisées.

Précautions : évitez de vous en servir sur des bébés et des enfants de moins de 6 ans. La présence d'1,8-cinéole peut ralentir le souffle des jeunes enfants. N'appliquez pas sur le visage, ou près du visage, d'un jeune enfant. L'huile essentielle d'eucalyptus peut être toxique si on l'ingère. En cas d'ingestion accidentelle, appelez le 15 ou votre pédiatre. Ne cherchez pas à provoquer un vomissement. S'il y a des signes et des symptômes d'empoisonnement, dirigez-vous très vite vers le centre d'urgence médicale le plus proche et n'oubliez pas d'apporter le flacon dont le contenu a été ingéré.

Utilisations : dépression, anxiété, désodorisant, congestion, toux, allergies saisonnières, expulser les mucosités, bronchite, asthme, sinusite, maux de gorge, rhume/grippe, fièvres, renforce le système immunitaire, douleurs musculaires, arthrite, rhumatisme, entorses, herpès, varicelle, démangeaisons, acné, traitement des coupures et des plaies, brûlures, lucidité intellectuelle, stimulation intellectuelle, odeurs corporelles, nettoyant antiseptique, répulsif à insectes, nettoyant pour moisissure, désodorisant pour toilettes.

Applications : on se sert d'huile essentielle d'eucalyptus dans toutes sortes d'applications, mais elle est surtout populaire pour son emploi dans les pommades décongestionnantes et baumes pectoraux connus sous le nom de « Vaporub ». Son efficacité pour dégager les voies aériennes en fait un parfait complément pour les diffuseurs, les bains de vapeur, les humidificateurs et les roll-ons pour aromathérapie, pour la toux, la congestion et les allergies saisonnières. Ajoutée à une huile de massage ou à un bain relaxant, l'eucalyptus peut contribuer à apaiser les muscles douloureux, les douleurs arthritiques et les démangeaisons et irritations de la peau. Avec sa nature hautement antiseptique et sa fragrance rafraîchissante, l'eucalyptus est le complément idéal pour les sprays nettoyants tous usages, les produits de nettoyage pour la salle de bains et les sprays pour les meubles. Pour un spray antiseptique rafraîchissant pour les tissus et les meubles, combinez 20 gouttes d'huile essentielle d'eucalyptus, de pamplemousse, de citron, d'orange douce et de coriandre dans un flacon vaporisateur de 12 cL et complétez avec de l'eau. Secouez bien avant chaque utilisation et vaporisez dans votre maison sur les meubles, les coussins et les vêtements, puis dans le sèche-linge, pour défroisser les vêtements et leur apporter un peu de fraîcheur.

Actions thérapeutiques : analgésique, antibactérienne, anticonvulsante, antidépresseur, antifongique, anti-inflammatoire, antimicrobienne, antioxydante, antirhumatique, antiseptique, antispasmodique, antitussive, antivirale, décongestionnante, déodorante, expectorante, fébrifuge, fongicide, insecticide, sédative, stimulante, vulnéraire.

S'associe bien avec : basilic, bergamote, cèdre, camomille, cannelle, citronnelle, coriandre, sapin, pamplemousse, lavande, citron, origan, menthe poivrée, rosalina, menthe verte, marjolaine à coquilles, orange douce.

Substituts : cyprès, sapin, rosalina, menthe verte.

Feuille de cannelle

Cinnamomum verum,
Cinnamomum zeylanicum

ÉPICÉE, CHAUDE, TERREUSE

Origines : Inde, Asie du Sud-Est, Sri Lanka.

Méthode d'extraction : les feuilles sont distillées à la vapeur.

Description : l'huile essentielle de feuille de cannelle a une couleur jaune à jaune brunâtre, avec une odeur de cannelle chaude et épicée.

Précautions : ne confondez pas les huiles essentielles d'écorce et de feuille de cannelle. Il ne faut pas utiliser l'huile essentielle d'écorce de cannelle en application localisée. L'huile essentielle de feuille de cannelle est beaucoup moins irritante pour la peau et doit être utilisée pour des applications localisées. Pour éviter les irritations de la peau, une dilution de 0,6 % ou 5 gouttes d'huile pour 3 cL (2 cuillères à soupe) d'huile végétale est recommandée.

Utilisations : rhumatisme, rhumes, douleurs abdominales et cardiaques, crampes menstruelles, bain de bouche, flatulences, soulage la douleur, puissant agent antibactérien contre les virus et les bactéries, problèmes respiratoires, dyspepsie, colite, nausée, vomissements, perte d'appétit, frissons dus au rhume ou à la grippe, renforce le système immunitaire.

Applications : on utilise souvent l'huile essentielle de feuille de cannelle en friction sur la poitrine, dans des mélanges pour diffuseur et dans des sprays antibactériens dans toute la maison. On se sert aussi fréquemment de cannelle dans des sprays nettoyants pour tuer les microbes et produire une odeur douce et accueillante.

On peut en ajouter à des pommades pour soulager les douleurs musculaires, les crampes menstruelles et les douleurs dues aux flatulences. (Voir chapitre 5, page 116,pour des recettes pour renforcer le système immunitaire.)

Actions thérapeutiques : analgésique, anesthésique, antibactérienne, antifongique, anti-inflammatoire, antiseptique, antispasmodique, antivirale, aphrodisiaque, carminative, emménagogue, immunostimulante, insecticide, stimulante.

S'associe bien avec : bergamote, poivre noir, clou de girofle, coriandre, sapin, oliban, gingembre, pamplemousse, lavande, citron, menthe poivrée, romarin, marjolaine à coquilles, orange douce.

Substituts : clou de girofle, gingembre, origan.

Géranium

Pelargonium x asperum, Pelargonium graveolens

FLORALE, DOUCE, FÉMININE

Origines : Égypte, France, Italie et Espagne.

Méthode d'extraction : les fleurs et les feuilles sont distillées à la vapeur.

Description : suivant sa provenance, la couleur de l'huile essentielle de géranium peut varier du vert olive et du jaune médian plus sombre à un vert foncé ou un brun jaunâtre. Cette huile visqueuse a une odeur extrêmement florale et citronnée, avec de douces notes herbacées.

Précautions : aucune.

Utilisations : cellulite, soins de la peau, traitement des plaies et des coupures, nettoyant antibactérien pour blessures, diurétique, eczéma, psoriasis, acné, brûlures, maux de tête, insomnie, crampes menstruelles, fluctuations hormonales, ménopause.

Applications : l'huile essentielle de géranium est merveilleusement douce et peut être utilisée dans de nombreuses applications différentes, dont des pommades antibactériennes, des soins de la peau, des lotions et des roll-ons pour aromathérapie. Ajouté à un diffuseur, le géranium contribue à apaiser la tension et le stress. À chaque fois que je pars en randonnée l'été, je mets du géranium dans mon spray répulsif à insectes pour éloigner les tiques. (Voir page 171 pour ma recette préférée comportant de l'huile essentielle de géranium, la pommade apaisante de Tante Flo.)

Actions thérapeutiques : analgésique, antibactérienne, antidépresseur, antidiabétique, anti-inflammatoire, antiseptique, anxiété, astringente, cicatrisante, déodorante, dépression, diurétique, emménagogue, hépatique, insecticide, régénérative, sédative, styptique, stress, tension.

S'associe bien avec : bergamote, camomille, citronnelle, sauge sclarée, clou de girofle, cyprès, gingembre, pamplemousse, lavande, citron, lemongrass, menthe poivrée, rose, orange douce, tangerine.

Substituts : camomille, lavande, rosalina, tea-tree.

Gingembre

Zingiber officinale

ÉPICÉE, CHAUDE

Origines : Afrique, Australie, Chine, Allemagne, Inde et Asie du Sud-Est.

Méthode d'extraction : la racine est obtenue par distillation à la vapeur ou par extraction au CO_2.

Description : l'huile essentielle de gingembre est jaune pâle à ambre clair et a une odeur chaude, boisée, épicée, douce et terreuse.

Précautions : il ne faut pas utiliser d'huile essentielle de gingembre sur des enfants de moins de 2 ans. En application locale, une dilution maximale d'1 % ou 9 gouttes d'huile pour 3 cL (2 cuillères à soupe) d'huile végétale est recommandée.

Utilisations : mauvaise circulation sanguine, mains froides et pieds froids, épuisement cardiaque, angine de poitrine, mauvaise digestion, distension abdominale et flatulences, rhumatisme, arthrite, douleurs musculaires, toux, sinusite, maux de gorge, renforce le système immunitaire, crampes menstruelles.

Applications : l'huile essentielle de gingembre fonctionne bien en massage localisé pour les douleurs musculaires, les crampes menstruelles, la mauvaise circulation sanguine et les problèmes digestifs. En diffusion ou utilisée dans un inhalateur personnel, cette huile peut contribuer à apaiser les nausées, les toux et les migraines. (Voir page 135 pour une recette d'inhalateur d'aromathérapie pour les nausées comportant du gingembre combiné à de la menthe poivrée.)

Actions thérapeutiques :
analgésique, antidépresseur, anti-inflammatoire, antinauséeux, antiseptique, antispasmodique, carminative, digestive, diurétique, expectorante, fébrifuge, stimulante, stomachique, sudorifique, tonique.

S'associe bien avec :
bergamote, cèdre, camomille, clou de girofle, coriandre, sapin, oliban, pamplemousse, lavande, citron, menthe poivrée, rosalina, rose, marjolaine à coquilles, orange douce, ylang-ylang.

Substituts : poivre noir, cannelle, menthe poivrée.

Lavande

Lavandula angustifolia, Lavandula officinalis

APAISANTE, RELAXANTE, THÉRAPEUTIQUE

Origines : Angleterre, France, Tasmanie et ancienne Yougoslavie.

Méthode d'extraction : les sommités fleuries sont distillées à la vapeur.

Description : la couleur de l'huile essentielle de lavande va de jaune clair à jaune pâle. Elle s'associe bien avec la plupart des huiles et elle a une odeur puissante, florale et herbacée, avec des notes balsamiques et boisées.

Précautions : aucune.

Utilisations : brûlures, inflammation, traitement des plaies et des coupures, eczéma, dermatite, évanouissements, maux de tête, grippe, insomnie, hystérie, migraines, nausée, tension nerveuse, infections, problèmes bactériens, lésions, ulcères, acné, furoncles, asthme, rhumatisme, arthrite, concentration, attention, stress, anxiété, problèmes de sommeil, calme le mental, savon antiseptique pour les mains, nettoyants tous usages, liquide vaisselle, lessive, répulsif à insectes, problèmes de jardin, puces, calme les chiens.

Applications : on peut se servir de l'huile essentielle de lavande en application locale ou par inhalation. Il y a de nombreuses façons de se servir de la lavande : pommades, sprays, lotions et crèmes, bains, inhalateurs personnels et diffuseurs. Ajoutez de l'huile essentielle de lavande à un diffuseur pour contribuer à soulager le stress, l'anxiété et l'insomnie. Pour soulager les crises de croissance le soir avant de s'endormir, diluez 3 à 5 gouttes et versez le mélange dans l'eau qui coule du robinet tandis que vous faites couler un bain à bulle non parfumé.

Actions thérapeutiques : analgésique, antibactérienne, antidépresseur, anti-inflammatoire, antimicrobienne, antiseptique, antispasmodique, antivirale, carminative, déodorante, insecticide, nervine, sédative, vulnéraire.

S'associe bien avec : bergamote, cèdre, citronnelle, sauge sclarée, clou de girofle, coriandre, eucalyptus, géranium, pamplemousse, hélichryse, citron, rosalina, rose, romarin, orange douce, vanille.

Substituts : camomille, coriandre, rosalina, tea-tree.

Lemongrass

Cymbopogon flexuosus

RÉGÉNÉRANTE,
CITRONNÉE, VERTE

Origines : Inde et Sri Lanka.

Méthode d'extraction : l'herbe est distillée à la vapeur.

Description : de couleur jaunâtre ou ambrée, l'huile essentielle de lemongrass a une forte odeur citronnée qui est fraîche, propre et herbacée.

Précautions : l'huile essentielle de lemongrass peut provoquer des irritations de la peau si elle n'est pas diluée correctement. Pour des applications localisées, une dilution maximale de 0,7 % (6 gouttes d'huile essentielle pour 3 cL d'huile végétale) est recommandée, pour empêcher toute irritation. Ne pas utiliser avec des enfants de moins de 2 ans. Ne convient pas aux femmes enceintes ou allaitantes. L'huile essentielle de lemongrass peut aussi interagir avec certains traitements contre le diabète.

Utilisations : rhumes, maux de tête, maux d'estomac, douleurs abdominales, douleurs rhumatismales, peau grasse ou acnéique, déodorant, crème antifongique, pommade antibactérienne, insectifuges, purificateur d'air, colite, indigestion, gastro-entérite, entorses, foulures, contusions, dislocations, dépression, lucidité intellectuelle, concentration, fièvres.

Applications : l'huile essentielle de lemongrass peut être utilisée en application locale et par inhalation. C'est un bon complément aux pommades antibactériennes et antifongiques, aux déodorants faits maison, aux lotions et aux crèmes, et aux roll-ons pour aromathérapie. Diffusez du lemongrass dans toute votre maison pour vous mettre de bonne humeur et purifier l'air.

Son odeur verte et citronnée, qui nous semble si délicieuse, repousse de nombreuses espèces d'insectes, ce qui en fait le complément idéal pour des sprays et des bougies insectifuges !

Actions thérapeutiques : analgésique, antifongique, anti-inflammatoire, antimicrobienne, antioxydante, antiparasitique, antiseptique, antivirale, astringente, bactéricide, carminative, déodorante, digestive, fébrifuge, fongicide, insecticide, nervine, sédative, tonique.

S'associe bien avec : basilic, bergamote, cèdre, citronnelle, coriandre, eucalyptus, gingembre, pamplemousse, lavande, citron, rosalina, romarin, orange douce, tea-tree.

Substituts : citronnelle, citron, eucalyptus citronné.

Marjolaine à coquilles

Majorana hortensis, Origanum majorana

FRAÎCHE, PROPRE, CAMPHRÉE

Origines : Égypte et Hongrie.

Méthode d'extraction : les feuilles séchées et les sommités fleuries sont distillées à la vapeur.

Description : l'huile essentielle de marjolaine à coquilles est une huile jaune pâle ou ambre pâle qui peut être très visqueuse. Elle a une odeur chaude, épicée, camphrée et boisée.

Précautions : ne pas confondre avec la marjolaine d'Espagne *(Thymus mastichina)*.

Utilisations : rigidité ou douleurs musculaires, spasmes ou douleurs nerveuses, arthrite, colique intestinale, insomnie, syndrome d'impatience des membres inférieurs, douleurs rhumatismales, foulures, entorses, tension, rhumes de poitrine, toux, congestion, friction antibactérienne en cas de rhume ou de grippe, crampes menstruelles, anxiété, nervosité.

Applications : on peut utiliser l'huile essentielle de marjolaine à coquilles en application localisée sous forme de massages, de compresses, de bains, de pommades et de produits de soins pour la peau. Elle peut aussi être inhalée par le biais d'un diffuseur, d'un fondant parfumé ou directement du flacon. Ajoutez 3 à 5 gouttes pour 3 cL (2 cuillères à soupe) de votre bain moussant préféré pour un bain relaxant contre les douleurs musculaires.

Actions thérapeutiques : analgésique, antioxydante, antiseptique, antispasmodique, antivirale, bactéricide, carminative, céphalique, diaphorétique, digestive, diurétique, emménagogue, expectorante, fongicide, nervine, sédative, vasodilatatrice, vulnéraire.

S'associe bien avec : bergamote, cèdre, camomille, citronnelle, eucalyptus, sapin, lavande, citron, origan, pin, rosalina, orange douce, tea-tree, thym.

Substituts : poivre noir, lavande, origan, pin.

Menthe poivrée

Mentha x piperita

FRAÎCHE, MENTHOLÉE, RAFRAÎCHISSANTE

Origines : Europe du Sud et États-Unis.

Méthode d'extraction : les feuilles sont distillées à la vapeur.

Description : sa couleur allant du jaune pâle au vert olive pâle, l'huile essentielle de menthe poivrée est visqueuse et a une odeur fraîche, mentholée et herbacée avec de douces notes balsamiques.

Précautions : ne pas utiliser avec des enfants de moins de six ans parce qu'elle contient du menthol et du 1,8-cinéole. Ne pas appliquer sur le visage (ou à proximité du visage) d'un bébé ou d'un enfant. En application locale, une dilution maximale de 5 % ou 45 gouttes pour 3 cL (2 cuillères à soupe) d'huile végétale est recommandée.

Utilisations : problèmes digestifs, colon, nausée, reflux acides, dyspepsie, douleurs stomacales, diarrhée, flatulences, douleurs musculaires, dentifrice, soins de la bouche, décongestionnante, soulage la douleur, rafraîchissante, brûlures, irritation de la peau, acné, problèmes de circulation, maux de tête/migraines, symptômes du rhume et de la grippe, nettoyage du système lymphatique, fièvres.

Applications : l'huile essentielle de menthe poivrée peut être utilisée dans des applications pour les soins de la bouche, dont des dentifrices et des bains de bouche faits maison. Elle est excellente pour des applications locales, dans des pommades pour les soins de la peau, des sprays rafraîchissants et des roll-ons. On se sert souvent d'inhalations pour aider à soulager la congestion avec des fondants parfumés, des diffuseurs et des inhalateurs personnels.

Actions thérapeutiques : analgésique, antibactérienne, antifongique, anti-inflammatoire, antimicrobienne, antiseptique, antispasmodique, astringente, carminative, digestive, emménagogue, expectorante, fébrifuge, insecticide, nervine, sédative, stimulante, vasoconstrictrice.

S'associe bien avec : basilic, poivre noir, coriandre, eucalyptus, sapin, lavande, citron, pin, rosalina, romarin, menthe verte, marjolaine à coquilles, tea-tree, thym.

Substitut : menthe verte.

Menthe verte

Mentha spicata

MENTHOLÉE,
DOUCE, FRAÎCHE

Origines : partout dans le monde (l'Inde et les États-Unis sont les principaux fournisseurs).

Méthode d'extraction : les sommités fleuries et les feuilles sont distillées à la vapeur.

Description : sa couleur allant du jaune pâle au vert olive pâle, l'huile essentielle de menthe verte a une odeur verte et herbacée, comme la plante écrasée.

Précautions : en application locale, une dilution maximale de 1,7 % ou 15 gouttes pour 3 cL (2 cuillères à soupe) d'huile végétale est recommandée.

Utilisations : hygiène dentaire, digestion, flatulences, maux d'estomac, soulage la douleur, fièvres, problèmes liés aux sinus, allergies saisonnières, décongestionnante, nettoyage, alternative à la menthe poivrée sans danger pour les enfants, acné, dermatite, peau congestionnée, asthme, bonne humeur, tension mentale, épuisement, stress, dépression.

Applications : l'huile essentielle de menthe verte est une huile merveilleuse qui convient aux enfants et peut se substituer à la menthe poivrée dans des pommades contre la congestion thoracique et des inhalateurs pour les allergies saisonnières. On peut faire un massage d'huile essentielle de menthe verte combinée avec une huile végétale sur l'abdomen pour les flatulences et les maux de ventre, ou sur les muscles pour soulager la douleur. On peut ajouter de la menthe verte à un diffuseur, un fondant parfumé ou un inhalateur personnel pour soulager les allergies, la congestion des sinus et mettre de bonne humeur. (Voir page 166 pour une recette de baume pectoral sans danger pour les enfants.)

Actions thérapeutiques : analgésique, anesthésique, antibactérienne, anti-inflammatoire, antiseptique, antispasmodique, astringente, carminative, décongestionnante, digestive, diurétique, emménagogue, expectorante, fébrifuge, insecticide, nervine, stimulante.

S'associe bien avec : basilic, bergamote, cèdre, camomille, eucalyptus, sapin, pamplemousse, lavande, menthe poivrée, pin, rosalina, marjolaine à coquilles, orange douce, tea-tree.

Substituts : gingembre, menthe poivrée, rosalina.

Oliban

Boswellia carterii

TERREUSE, BOISÉE, ÉPICÉE

Origines : France, Oman, Arabie Saoudite, Somalie, ouest de l'Éthiopie, ouest de l'Inde et Yémen.

Méthode d'extraction : la gomme résine est distillée à la vapeur.

Description : l'huile essentielle d'oliban est jaune pâle à ambre pâle avec une odeur forte et fraîche, ressemblant au terpène, avec des notes de terre et de citron vert.

Précautions : aucune.

Utilisations : soulage la douleur, arthrite, problèmes respiratoires, asthme, bronchite, problèmes de catarrhes, soins de la peau, peau sèche, rides, cellulite, cicatrices, renforce le système immunitaire, dermatomycose, soutien contre le rhume et la grippe, douleurs menstruelles, insomnie, douleurs musculaires, flatulences, maux d'estomac, nausée, acné, traitement des coupures et des plaies, excès de mucosités.

Applications : on peut se servir d'huile essentielle d'oliban pour de nombreuses applications, dont des pommades pour les douleurs musculaires, pour renforcer le système immunitaire, soulager le rhume et la grippe, et contre la congestion thoracique. On peut aussi l'ajouter aux produits de soins pour le visage et la peau, pour améliorer le teint, lisser les rides et traiter les blessures. Ajoutée à un diffuseur, à un bain de vapeur ou à un inhalateur personnel, l'oliban peut contribuer à accroître la concentration, à soulager la congestion et à stimuler le système immunitaire. Il est aussi très utile quand on nettoie la maison après une maladie qui a touché toute la famille, en raison de ses extraordinaires capacités à tuer les microbes.

Actions thérapeutiques : analgésique, antifongique, anti-inflammatoire, antioxydante, antiseptique, astringente, carminative, cicatrisante, digestive, diurétique, emménagogue, expectorante, sédative, vulnéraire.

S'associe bien avec : bergamote, poivre noir, cèdre, camomille, cannelle, sauge sclarée, coriandre, sapin, lavande, citron, pin, romarin, marjolaine à coquilles, orange douce, ylang-ylang.

Substituts : basilic, lavande, tea-tree.

Orange douce

Citrus sinensis

DOUCE, HESPÉRIDÉE, VIVE

Origines : Australie, Brésil, Israël et Amérique du Nord.

Méthode d'extraction : l'écorce du fruit est en général pressée à froid, mais peut aussi être distillée à la vapeur.

Description : L'huile essentielle d'orange douce existe en différentes teintes d'orange et a une odeur fraîche et citronnée qui ressemble à celle de l'écorce d'orange.

Précautions : aucune.

Utilisations : nettoyants ménagers, maux d'estomac, insomnie, problèmes digestifs, stimule le système lymphatique, spasmes, crampes, constipation, flatulence, syndrome du côlon irritable (SII), cellulite, sédative, peau grasse ou acnéique, peau sèche, dépression, anxiété, nervosité.

Applications : l'huile essentielle d'orange douce est douce et sert souvent pour des pommades, des soins de la peau et du visage, des bains, des fondants parfumés et des dentifrices. C'est aussi l'huile essentielle idéale pour nettoyer votre maison, parce qu'elle est dégraissante, décolle les étiquettes des bocaux et tue les insectes. Diffusez de l'huile essentielle d'orange douce pour désinfecter votre maison et renforcer le système immunitaire.

Actions thérapeutiques : anticoagulante, antidépresseur, anti-inflammatoire, antiseptique, antispasmodique, bactéricide, carminative, cholagogue, digestive, diurétique, expectorante, fongicide, stimulant lymphatique, sédative, stimulante, stomachique, tonique.

S'associe bien avec : basilic, bergamote, poivre noir, cèdre, camomille, cannelle, clou de girofle, coriandre, eucalyptus, sapin, oliban, gingembre, pamplemousse, lavande, citron, pin, rose, rosalina, menthe verte, tea-tree.

Substituts : orange sanguine, pamplemousse, mandarine, clémentine.

Origan

Origanum vulgare, Origanum compactum

ÉPICÉE, MÉDICINALE, HERBACÉE

Origines : Hongrie, Espagne et Turquie.

Méthode d'extraction : les sommités fleuries et les feuilles sont distillées à la vapeur.

Description : la couleur de l'huile essentielle d'origan va de jaune foncé à brun clair, et son odeur est épicée, chaude et herbacée avec des notes camphrées.

Précautions : évitez de vous en servir en cas de grossesse ou d'allaitement. Ne pas utiliser pour des enfants de moins de 2 ans. L'huile essentielle d'origan est très échauffante, et une dilution maximale de 1 % ou 9 gouttes pour 3 cL (2 cuillères à soupe) d'huile végétale est recommandée en application localisée. Il ne faut pas la confondre avec le supplément d'huile d'origan, qui est une huile végétale infusée de fraîche matière végétale.

Utilisations : relaxation, raideur musculaire, stress, insomnie, syndrome d'impatience des membres inférieurs, toux, congestion, excès de mucosités, mal de gorge, rhume/grippe, renforce le système immunitaire, crampes menstruelles, régulation menstruelle, douleurs musculaires, arthrite, allergies saisonnières, sinusite, infections fongiques, dermatomycose, pied d'athlète, maux de tête, nettoyant antiseptique de surface, désodorisant/nettoyant, désinfectant pour salle de bains, psoriasis, acné, eczéma, démangeaisons et irritations de la peau, morsures d'insectes, répulsif à insectes, digestion.

Applications : l'huile essentielle d'origan est une huile très populaire pour les maladies.

Elle est extrêmement antiseptique et on s'en sert souvent dans des mélanges pour diffuseur, des sprays nettoyants et des gels antibactériens pour les mains pour tuer les microbes et stimuler le système immunitaire. Ajouté à des pommades ou à des huiles de massage, l'origan peut contribuer à soulager les douleurs musculaires, la toux et la congestion, les crampes menstruelles et les symptômes du syndrome prémenstruel. Au début d'un rhume, ajoutez 5 gouttes d'huile essentielle d'origan à un fondant parfumé. Détendez-vous sous une douche chaude et inspirez les vapeurs pour stimuler le système immunitaire, soulager la congestion et raccourcir la durée du rhume. Répétez aussi souvent que nécessaire.

Actions thérapeutiques : analgésique, antibactérienne, antifongique, anti-infectieuse, anti-inflammatoire, antioxydante, antiparasitique, antiseptique, antispasmodique, antitussive, antivirale, digestive, emménagogue, expectorante, renforce le système immunitaire.

S'associe bien avec : bergamote, camomille, citronnelle, coriandre, eucalyptus, sapin, pamplemousse, lavande, citron, menthe poivrée, rosalina, romarin, marjolaine à coquilles, orange douce, tea-tree.

Substituts : clou de girofle, marjolaine à coquilles, tea-tree, thym.

Pamplemousse

Citrus paradisi

EXALTANTE, HESPÉRIDÉE, HEUREUSE

Origines : Brésil, Israël, Nigéria, États-Unis et Antilles.

Méthode d'extraction : l'écorce du fruit est en général pressée à froid, mais peut aussi être distillée à la vapeur.

Description : la couleur de l'huile essentielle de pamplemousse peut aller de jaune orangé à jaune verdâtre. Elle a une a note de tête fraîche et citronnée qui a une odeur très vive, douce et acidulée.

Précautions : il peut y avoir une sensibilisation de la peau lors d'une application localisée si l'huile s'est oxydée. L'huile essentielle de pamplemousse est phototoxique si on s'en sert à une dilution supérieure à 4 % ou 36 gouttes d'huile pour 3 cL (2 cuillères à soupe) d'huile végétale. Si c'est le cas, il est recommandé de ne pas s'exposer au soleil pendant 12 heures après l'application.

Utilisations : coupe-faim, cellulite, stimule le système lymphatique, remonte le moral, stimule la digestion, acné/peau grasse, anxiété, dépression, dissout les graisses, renforce le système immunitaire, prévention du rhume et de la grippe, diurétique, détoxifie le corps, stimule la pousse des cheveux, maux de tête, gueule de bois, épuisement, stress.

Applications : on peut utiliser l'huile essentielle de pamplemousse en cosmétique (avec une dilution inférieure à 4 %), en diffusion, en massage, en pommades, en crèmes et en bains, ainsi que pour d'autres applications. L'huile de pamplemousse, dans des produits de nettoyage et des lotions toniques pour la peau, peut aussi être utile en cas de peau grasse ou acnéique.

Actions thérapeutiques : antibactérienne, antidépresseur, antiseptique, astringente, dépurative, digestive, désinfectante, diurétique, restaurative, stimulante, tonique.

S'associe bien avec : basilic, bergamote, citronnelle, coriandre, sapin, géranium, lavande, citron, rosalina, rose, romarin, orange douce.

Substituts : basilic, bergamote, menthe poivrée, orange douce.

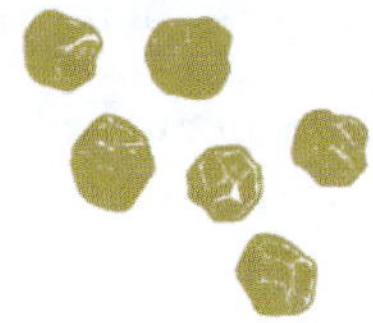

Poivre noir

Piper nigrum

CHAUDE, BOISÉE, ÉPICÉE

Origines : Indonésie, sud de l'Inde et Sri Lanka.

Méthode d'extraction : quand elles ne sont pas très mûres, les baies séchées et écrasées sont distillées à la vapeur.

Description : l'huile essentielle de poivre noir existe en teintes de transparent à vert pâle, avec une odeur boisée, chaude et épicée qui rappelle le poivre noir.

Précautions : aucune.

Utilisations : problèmes digestifs, dyspepsie, constipation, flatulences, nausée, perte d'appétit, douleurs et spasmes musculaires, rhumatisme et arthrite, membres douloureux et fatigués, raideur musculaire, arrêt du tabac, fièvres.

Applications : on se sert souvent d'huile essentielle de poivre noir dans des pommades et des huiles pour soulager les douleurs et les spasmes musculaires. En massage sur l'abdomen, dilué dans une huile végétale, le poivre noir peut aider avec les maux de ventre de toutes sortes. Si vous voulez arrêter de fumer, des études montrent qu'inhaler de l'huile essentielle de poivre noir au lieu de fumer une cigarette peut diminuer de façon radicale l'intensité de l'envie de nicotine. Ajoutez simplement 2 gouttes à un inhalateur personnel et respirez son parfum quand l'envie de fumer vous prend.

Actions thérapeutiques : analgésique, antibactérienne, antimicrobienne, antiseptique, antispasmodique, aphrodisiaque, amère, carminative, diaphorétique, digestive, diurétique, fébrifuge, stimulante, vasodilatatrice.

S'associe bien avec : bergamote, cèdre, cannelle, sauge sclarée, clou de girofle, oliban, géranium, lavande, citron, rose, romarin, marjolaine à coquilles, orange douce.

Substituts : gingembre, origan, marjolaine à coquilles.

Romarin

Rosmarinus officinalis

FRAÎCHE,
BOISÉE, CAMPHRÉE

Origines : France, Grèce, Italie, Espagne et Tunisie.

Méthode d'extraction : les sommités fleuries et les feuilles sont distillées à la vapeur.

Description : l'huile essentielle de romarin a une couleur jaune clair à jaune pâle et une odeur fraîche et herbacée avec des notes médicinales boisées.

Précautions : ne pas utiliser pendant la grossesse ou l'allaitement. Évitez de vous en servir en cas d'épilepsie. Ne pas utiliser pour des enfants de moins de 6 ans. Ne pas appliquer sur le visage ou près du visage d'un bébé ou d'un enfant. L'huile essentielle de romarin peut provoquer des irritations de la peau si elle n'est pas diluée correctement. Il est recommandé de se servir d'une dilution maximale de 4 % ou 36 gouttes pour 3 cL (2 cuillères à soupe) d'huile porteuse pour l'application localisée.

Utilisations : lucidité intellectuelle/énergie, concentration, dépression, léthargie, renforce le système immunitaire, tue les microbes, désodorisant/nettoyant, douleurs musculaires, arthrite, rhumatisme, douleur menstruelle, antiseptique sprays nettoyants, liquide vaisselle, insectifuge, poux, pellicules, réparation des cheveux, pousse des cheveux, peau grasse ou acnéique, cuir chevelu gras, toux, congestion, expulse les mucosités, rhume/grippe, traitement des plaies et des coupures, brûlures.

Applications : on peut se servir d'huile essentielle de romarin en application localisée dans des pommades et des huiles de massage pour soulager la toux, la congestion, les douleurs musculaires et les douleurs menstruelles. Ajouté à un diffuseur, à un flacon roll-on pour aromathérapie ou à un inhalateur personnel, le romarin apaise les allergies saisonnières, augmente la concentration mentale et tue les microbes. Ajouté à un shampooing, le romarin est excellent pour les cheveux, pour équilibrer un cuir chevelu gras, pour se débarrasser des pellicules et pour tuer les poux. Ses propriétés antibactériennes et stimulantes font du romarin un excellent complément pour les produits nettoyants, tonifiants et hydratants pour les peaux grasses ou acnéiques. Ajoutez 1 goutte d'huile essentielle de romarin à un flacon de shampooing d'1 L, deux à trois fois par semaine, pour des cheveux plus sains, plus brillants et plus soyeux.

Actions thérapeutiques : analgésique, antibactérienne, antifongique, anti-inflammatoire, antimicrobienne, antioxydante, antirhumatique, antiseptique, antispasmodique, antitussive, antivirale, astringente, décongestionnante, carminative, digestive, expectorante, stimulante.

S'associe bien avec : basilic, bergamote, poivre noir, cèdre, cannelle, citronnelle, clou de girofle, cyprès, eucalyptus, sapin, gingembre, pamplemousse, lavande, citron, origan, menthe poivrée, rosalina, menthe verte, marjolaine à coquilles, tea-tree.

Substituts : cyprès, sapin, origan, marjolaine à coquilles.

Rosalina

Melaleuca ericifolia

FLORALE, CITRONNÉE, MÉDICINALE

Origine : Australie.

Méthode d'extraction : les feuilles sont distillées à la vapeur.

Description : l'huile essentielle de rosalina a une couleur jaune pâle à jaune clair et une odeur douce, citronnée et médicinale avec des notes florales.

Précautions : aucune.

Utilisations : asthme, allergies saisonnières, soulage les brûlures, soin après soleil, spray insectifuge, catarrhe, toux, congestion, expulse les mucosités, mal de gorge, reniflements, éternuements, nez qui coule, circulation, symptômes du rhume et de la grippe, infections auriculaires, maux de tête, soulage les démangeaisons, fièvres, microbes, renforce le système immunitaire, soulage la douleur, douleurs musculaires, crampes menstruelles, verrues, dépression, anxiété, désodorisant, varicelle, acné, traitement des plaies et des coupures, lucidité intellectuelle, odeurs corporelles, antiseptique sprays nettoyants, insomnie, stress, tension.

Applications : l'huile essentielle de rosalina est une alternative à l'eucalyptus douce et sans danger pour les enfants et elle peut être utilisée dans toutes les applications qui exigent de l'eucalyptus. Ajoutée à des pommades, des huiles de massage, des mélanges pour diffuseur et des inhalateurs pour aromathérapie, l'huile essentielle de rosalina peut contribuer à ouvrir les voies aériennes et à apaiser la toux, la congestion et le nez bouché. On l'ajoute souvent à des produits pour des soins de la peau, dont des lotions toniques pour le visage, des hydratants et des crèmes antibactériennes pour soulager et soigner l'acné, la peau sèche et écailleuse, les coupures et les abrasions. Les propriétés insecticides de l'huile essentielle de rosalina en font le complément idéal aux traitements anti-poux et un insectifuge sans danger pour les enfants. Si votre enfant a mal à la tête, mettez 15 gouttes d'huile essentielle de rosalina et 10 gouttes de lavande dans un flacon roll-on pour aromathérapie d'1 cL. Faites-le tourner pour mélanger et complétez avec une huile végétale. Passez-en sur les tempes et la nuque et massez doucement pour soulager la douleur.

Actions thérapeutiques : analgésique, antibactérienne, antidépresseur, antifongique, anti-inflammatoire, antimicrobienne, antiseptique, antispasmodique, antivirale, décongestionnante, expectorante, fébrifuge, insecticide, sédative, vulnéraire.

S'associe bien avec : bergamote, cèdre, camomille, cannelle, citronnelle, coriandre, eucalyptus, sapin, oliban, géranium, pamplemousse, lavande, citron, menthe verte, marjolaine à coquilles, orange douce.

Substituts : eucalyptus, lavande, marjolaine à coquilles, tea-tree.

Rose

Rosa damascena, Rose otto

FLORALE, DOUCE, RICHE

Origine : Maroc.

Méthode d'extraction : les fleurs sont distillées à la vapeur. Pour la version la moins chère, l'absolu de rose, les fleurs sont extraites par solvant.

Description : l'huile essentielle de rose est orange à brun jaunâtre et assez visqueuse. Elle a un doux parfum floral à l'odeur de miel et aux notes épicées. L'absolu de rose est orange foncé à rouge et a une forte odeur de rose.

Précautions : utilisée en application localisée, une dilution maximale de 0.6 % ou 5 gouttes pour 3 cL (2 cuillères à soupe) d'huile végétale est recommandée.

Utilisations : lésions dues au froid, sédatif nerveux, insomnie, irritabilité, problèmes sexuels féminins, tonique utérin, régule la menstruation, crampes, saignements menstruels trop abondants, anxiété, règles irrégulières, adoucit la peau, acné, cicatrices, nettoyage du visage, rides, peau mature, peau sèche, peau sensible, parfum.

Applications : l'huile essentielle de rose est une huile thérapeutique douce que l'on trouve dans de nombreux produits de soins pour la peau, dont des crèmes pour les yeux, des lotions, des savons, des traitements pour les rides, des produits pour le bain, des produits de nettoyage pour le visage, des lotions toniques et des hydratants pour le visage. On se sert aussi de rose dans des pommades pour la menstruation et des roll-ons pour aromathérapie, pour apaiser les symptômes du syndrome prémenstruel. Diffusée dans la maison et vaporisée sur des oreillers et des couvertures, l'huile essentielle de rose offre un parfum romantique et durable.

Actions thérapeutiques : analgésique, antibactérienne, antidépresseur, antifongique, anti-inflammatoire, antimicrobienne, antiseptique, antispasmodique, antivirale, aphrodisiaque, astringente, bactéricide, cicatrisante, déodorante, désinfectante, diurétique, emménagogue, nervine, sédative.

S'associe bien avec : bergamote, poivre noir, cèdre, camomille, coriandre, géranium, pamplemousse, lavande, citron, rosalina, menthe verte, orange douce, tea-tree.

Substituts : oliban, géranium, absolu de rose.

Sapin

Abies balsamea,
Abies sibirica

FRAÎCHE,
BOISÉE, FORESTIÈRE

Origines : Canada et Russie.

Méthode d'extraction : les brindilles et les aiguilles sont distillées à la vapeur.

Description : l'huile essentielle de sapin est jaune pâle avec une délicieuse odeur douce et balsamique de conifère.

Précautions : aucune.

Utilisations : substitut à l'eucalyptus pour les enfants, toux, rhumes, congestion, douleurs musculaires, soulage la douleur, allergies saisonnières, rhumatisme, arthrite, catarrhe, problèmes respiratoires, nettoyage et traitement des blessures, renforce le système immunitaire, excès de mucosités, soins de la peau, douleur menstruelle, régulation menstruelle, épuisement, désodorisant d'intérieur rafraîchissant, eau de Cologne pour homme, nettoyage de la maison, dermatomycose, pied d'athlète.

Applications : on peut se servir d'huile essentielle de sapin dans un grand nombre d'applications, dont une alternative sans danger pour les enfants à l'eucalyptus dans les frictions pour la poitrine, les mélanges pour diffuseur contre la toux et la congestion, et en bain de vapeur. Ses propriétés antiseptiques en font une parfaite alternative sans danger pour les enfants à l'eucalyptus dans les sprays nettoyants et les mélanges pour diffuseur antimicrobiens. Elle peut être utilisée en application locale pour apaiser les douleurs musculaires, dans une pommade ou une huile de massage. Ajoutée à un diffuseur ou à un spray, elle rafraîchit l'air et dynamise l'humeur. La fraîche odeur de forêt du sapin en fait un complément idéal aux eaux de Cologne pour homme, aux après-rasage et aux pommades pour les cheveux. Si votre cuir chevelu vous démange, s'il est sec ou s'il s'écaille, ajoutez 5 gouttes d'huile essentielle de sapin pour 3 cL (2 cuillères à soupe) de votre shampooing préféré pour lutter contre les pellicules, équilibrer les huiles naturelles de votre cuir chevelu et faire ressortir le lustre naturel de vos cheveux !

Actions thérapeutiques : analgésique, antibactérienne, antifongique, anti-inflammatoire, antimicrobienne, antiseptique, antispasmodique, antitussive, astringente, déodorante, emménagogue, expectorante, stimulante, vulnéraire

S'associe bien avec : basilic, bergamote, cèdre, citronnelle, clou de girofle, coriandre, eucalyptus, lavande, citron, origan, menthe poivrée, pin, rosalina, romarin, menthe verte, marjolaine à coquilles, orange douce, tea-tree.

Substituts : eucalyptus, rosalina, marjolaine à coquilles.

Sauge sclarée

Salvia sclarea

FLORALE, HERBACÉE, CONFORTANTE

Origines : France et États-Unis.

Méthode d'extraction : les sommités fleuries et les feuilles sont distillées à la vapeur.

Description : incolore, jaune pâle ou vert olive pâle, l'huile essentielle de sauge sclarée a une odeur douce, fruitée, florale et herbacée.

Précautions : ne pas utiliser en cas de grossesse, mais peut être employée pendant l'accouchement et pendant l'allaitement.

Utilisations : spasmes musculaires, réduit l'inflammation, agent analgésique, crampes menstruelles, syndrome prémenstruel, accouchement, ménopause, asthme, sudation excessive, peau grasse, cheveux gras, pellicules, anxiété, stress, dépression, tension nerveuse, équilibre les émotions hormonales, épuisement nerveux.

Applications : l'huile essentielle de sauge sclarée est une huile essentielle merveilleusement relaxante largement utilisée dans les produits de santé pour femme, dont les pommades, pour les crampes menstruelles, les mélanges pour diffuseur contre le syndrome prémenstruel et les flacons roll-ons pour aromathérapie contre le stress. Elle peut aussi aider à réguler le cycle menstruel par massage abdominal. L'huile essentielle de sauge sclarée est utilisée dans des produits de soin pour les cheveux et pour la peau et peut aider à éviter les pellicules (ajoutez 10 gouttes de sauge sclarée à votre shampooing et secouez bien pour le mélanger). Lorsque je suis sous l'emprise du stress, de l'anxiété et de mes hormones, je diffuse des huiles essentielles de sauge sclarée et de pamplemousse dans toute la maison pour calmer mon dragon intérieur.

Actions thérapeutiques : antibactérienne, antidépresseur, antiseptique, antispasmodique, aphrodisiaque, astringente, carminative, déodorante, digestive, emménagogue, euphorique, hypotensive, nervine, sédative, vulnéraire.

S'associe bien avec : bergamote, cèdre, camomille, coriandre, oliban, pamplemousse, lavande, citron, rosalina, rose, marjolaine à coquilles, orange douce.

Substituts : camomille, géranium, sauge.

Tea-tree (arbre à thé)

Melaleuca alternifolia

BOISÉE, MÉDICINALE, CHAUDE

Origines : Australie, Nouvelle-Zélande et États-Unis.

Méthode d'extraction : les feuilles sont distillées à la vapeur.

Description : l'huile essentielle de tea-tree existe en teintes allant de jaune clair à jaune pâle. Elle a une odeur rafraîchissante et camphrée avec des notes vertes et boisées.

Précautions : l'huile essentielle de tea-tree peut être toxique si on en ingère. En cas d'ingestion accidentelle, appelez le 15, votre pédiatre ou médecin traitant. Ne provoquez pas de vomissements. Si vous observez des signes et des symptômes d'empoisonnement, allez dans un centre d'urgence avec le flacon d'huile essentielle.

Utilisations : stress, anxiété, lucidité intellectuelle, insomnie, congestion, problèmes respiratoires, toux, nez bouché, rhume/grippe, sinusite, fièvres, allergies saisonnières, coupures/égratignures, brûlures, coups de soleil, lésions, morsures d'insectes, cicatrices, peau grasse ou acnéique, eczéma, dermatite, pied d'athlète, dermatomycose, verrues, petits appendices cutanés, odeurs corporelles, pellicules, poux, renforce les cheveux, cuir chevelu gras, sprays antiseptiques nettoyants, désinfecte la salle de bains, nettoyant pour cuvette des toilettes, spray contre la moisissure, contrôle des mycoses dans le jardin.

Applications : l'huile essentielle de tea-tree a beaucoup d'applications, mais elle est surtout populaire pour ses propriétés antibactériennes. On se sert de tea-tree dans des nettoyants, lotions toniques et hydratants pour le visage, pour traiter les blessures, l'acné et la peau grasse. Dans une pommade ou diluée dans une huile végétale, elle peut traiter les coupures, les égratignures, les brûlures, l'eczéma et les infections fongiques. En général, on la diffuse ou on l'inhale par le biais d'un inhalateur personnel pour soulager les symptômes du rhume et de la grippe, désinfecter un endroit et stimuler le système immunitaire. Ajoutez de l'huile de tea-tree à un fondant parfumé ou à un bol d'eau bouillante pour contribuer à dégager la congestion et traiter une infection des sinus. Mélangez 30 gouttes d'huile essentielle de tea-tree pour 3 cL (2 cuillères à soupe) d'huile de noix de coco et appliquez régulièrement sur les pieds secs après le bain pour éviter les mycoses du pied.

Actions thérapeutiques : antibactérienne, antifongique, anti-infectieuse, anti-inflammatoire, antimicrobienne, antiseptique, antivirale, cicatrisante, décongestionnante, désinfectante, expectorante, fébrifuge, fongicide, immunostimulant, renforce le système immunitaire, insecticide, sédative, vulnéraire.

S'associe bien avec : bergamote, camomille, coriandre, cyprès, pamplemousse, lavande, citron, origan, menthe poivrée, rosalina, romarin, menthe verte, marjolaine à coquilles, orange douce.

Substituts : géranium, lavande, rosalina.

Ylang-ylang

Cananga odorata

FLORALE, DOUCE, CHAUDE

Origine : Madagascar.

Méthode d'extraction : les fleurs sont distillées à la vapeur.

Description : il y a deux types différents d'huile essentielle d'ylang-ylang : extra et complète. L'ylang-ylang extra est jaune pâle et a une odeur florale intense qui peut être douce et sucrée. Jaunâtre et huileuse, l'ylang-ylang complète a une odeur douce et florale avec une note de fond balsamique, boisée.

Précautions : ne pas utiliser avec des enfants de moins de deux ans, ni des femmes enceintes ou allaitantes. Utilisée en application localisée sur la peau, une dilution maximale de 0,8 % ou 7 gouttes pour 3 cL (2 cuillères à soupe) d'huile végétale est recommandée.

Utilisations : affections cutanées, cosmétiques, produits de soin pour cheveux, parfums, dépression, insomnie, spasmes musculaires, aphrodisiaque, peaux sèches et grasses, syndrome prémenstruel, sautes d'humeur.

Applications : l'huile essentielle d'ylang-ylang est utilisée en application locale dans des produits cosmétiques et des produits de soin pour la peau, pour aider à adoucir et à traiter la peau sèche, lisser les rides et diminuer les cicatrices. En diffusion, elle peut apaiser la tension, mettre de bonne humeur et ajouter un peu de romantisme à l'atmosphère. Ajoutez 1 goutte d'huile essentielle d'ylang-ylang pour 3 cL (2 cuillères à soupe) d'huile d'avocat pour un délicieux hydratant pour visage.

Actions thérapeutiques : antibactérienne, antidépresseur, antifongique, anti-inflammatoire, antiseptique, antispasmodique, aphrodisiaque, expectorante, hypotensive, nervine, sédative, vulnéraire.

S'associe bien avec : bergamote, poivre noir, cèdre, camomille, sauge sclarée, clou de girofle, géranium, gingembre, pamplemousse, lavande, citron, lemongrass, rosalina, rose, orange douce.

Substituts : hélichryse, jasmin, patchouli.

PARTIE III

Recettes et applications

Les huiles essentielles nous apportent d'infinis bienfaits. Elles peuvent améliorer la santé physique et mentale, optimiser les produits cosmétiques et les articles de toilette, et désinfecter et nettoyer votre maison. Dans cette section, vous trouverez cent recettes faisant appel aux huiles essentielles qui vous ont été présentées. Le chapitre 5 est rempli de recettes pour toutes sortes de problèmes physiques, de la toux et de la congestion aux fièvres en passant par les maux de tête, et bien plus encore. Le chapitre 6 cible la santé émotionnelle ; on y trouve des recettes pour améliorer la concentration et l'énergie, diminuer l'anxiété et servir de coupe-faim. Dans le chapitre 7, vous trouverez des recettes pour toute la famille, pour les futures mamans, les bébés et les enfants, les femmes, les hommes et les personnes plus âgées. Le chapitre 8 propose des recettes pour prendre soin de soi : dentifrices, déodorants, soin du visage et bien plus encore. Et dans le chapitre 9, vous apprendrez comment fabriquer vos propres produits de nettoyage pour chacune des pièces de votre maison.

CHAPITRE 5

Pour la santé physique

Mélange antimicrobien pour diffuseur

DIFFUSION AROMATIQUE

Sans danger au-delà de 6 ans – Ne pas utiliser en cas de grossesse ou d'allaitement

Rien n'est plus efficace pour tuer les microbes que ce mélange d'huiles essentielles hautement antibactérien et antiviral. Diffusez-le dans toutes les pièces pour désinfecter votre maison, renforcer le système immunitaire et apaiser les symptômes du rhume et de la grippe.

1. Mettez toutes les huiles essentielles dans un flacon vide pour huile essentielle (ou n'importe quel flacon en verre de couleur sombre avec compte-gouttes) et remuez-le lentement pour les mélanger.
2. Ajoutez 8 à 10 gouttes à un diffuseur et diffusez par plages de 30 minutes (30 minutes de diffusion et 30 minutes sans diffusion).

Pour 1,5 cL

¾ cuillère à café d'huile essentielle d'eucalyptus
1 cuillère à café d'huile essentielle de feuille de cannelle
¼ cuillère à café d'huile essentielle de clou de girofle
¾ cuillère à café d'huile essentielle de citron
¼ cuillère à café d'huile essentielle de romarin

Astuce : ce mélange d'huiles essentielles peut être utilisé dans n'importe laquelle des recettes d'aromathérapie pour inhalateur personnel, produit de nettoyage ou fondant parfumé de ce livre.

Savon moussant pour les mains antibactérien, frais et citronné

APPLICATION LOCALISÉE

Sans danger au-delà de 2 ans

Ce savon moussant à l'odeur fraîche nettoie et hydrate les mains. Il est sans danger pour toute la famille, et fabriquer votre propre savon pour les mains vous permettra aussi d'économiser de l'argent !

1. Mettez tous les ingrédients dans un flacon à pompe de 250 mL. Refermez-le et agitez doucement pour les mélanger.
2. Rangez-le sur l'évier de la salle de bains ou de la cuisine pour pouvoir vous en servir facilement tous les jours.

Pour 250 mL

1 cuillère à soupe de savon de Castille liquide
1 cuillère à soupe d'huile d'avocat (ou une autre huile végétale liquide)
5 gouttes d'huile essentielle d'orange douce
5 gouttes d'huile essentielle de pamplemousse
5 gouttes d'huile essentielle de bergamote
5 gouttes d'huile essentielle de menthe verte
Eau filtrée, pour compléter

Baume pectoral pour mieux respirer

APPLICATION LOCALISÉE

Sans danger au-delà de 6 ans – Ne pas utiliser en cas de grossesse ou d'allaitement

En cas de toux ou de congestion, ce baume pectoral classique peut aider tout le monde à mieux respirer. (Vous trouverez page 166 une version pour les enfants.)

1. Dans une casserole à basse température, faites fondre l'huile de noix de coco et la cire d'abeille.
2. Une fois qu'elles ont fondu, retirez du feu et ajoutez les huiles essentielles.
3. Versez dans un bocal de 12 cL et mettez au congélateur pendant environ 20 minutes pour durcir.
4. Appliquez sur la poitrine, le dos et le cou.

Pour environ 12 cL

65 mL d'huile de noix de coco non raffinée
2 cuillères à soupe de cire d'abeille
50 gouttes d'huile essentielle d'eucalyptus
25 gouttes d'huile essentielle de menthe poivrée
15 gouttes d'huile essentielle de lavande
15 gouttes d'huile essentielle de marjolaine à coquilles

Astuce : pour calmer une toux au moment du coucher, massez la plante des pieds à l'aide de ce baume et couvrez-les avec des chaussettes.

Fondants parfumés pour mieux respirer

DIFFUSION AROMATIQUE

Sans danger au-delà de 6 ans – Ne pas utiliser en cas de grossesse ou d'allaitement

Les douches sont thérapeutiques pour le système respiratoire, surtout en cas de toux et de congestion. Ces fondants parfumés exploitent le pouvoir de la vapeur et de l'aromathérapie pour vous aider à mieux respirer.

Pour 6 à 8 fondants parfumés

250 mL de levure chimique
125 mL d'acide citrique
1 cuillère à soupe d'amidon de maïs (on peut y substituer de la poudre de marante ou n'importe quel type d'argile)
½ cuillère à café d'huile essentielle d'eucalyptus
½ cuillère à café d'huile essentielle de lavande
Un petit flacon d'hamamélis
1 tasse de 60 mL ou des moules en silicone

1. Après avoir mis des gants en caoutchouc ou en latex, mélangez la levure chimique, l'acide citrique et l'amidon de maïs dans un saladier de taille moyenne, en cassant tous les grumeaux avec les doigts.
2. Ajoutez les huiles essentielles et mélangez-les bien avec les poudres, en cassant les petits grumeaux avec les mains gantées.
3. Vaporisez le mélange deux ou trois fois avec le flacon d'hamamélis et continuez de mélanger avec vos mains gantées jusqu'à obtenir une boule compacte (comme une boule de neige) qui ne s'effrite pas.
4. Répétez l'étape 3 si le mélange est trop sec pour bien tenir ensemble.
5. Mettez le mélange dans une tasse de 60 mL, en pressant bien. Retournez délicatement sur du papier sulfurisé et laissez sécher. Si vous utilisez des moules en silicone, pressez fermement le mélange dans les moules et laissez sécher toute la nuit avant de démouler.
6. Mettez un fondant parfumé à une extrémité de la baignoire ou de la douche, en évitant tout contact direct avec l'eau. Laissez-le se dissoudre lentement pendant que vous vous douchez et inspirez son parfum.

Astuce : même s'ils sont bien stockés, l'odeur va finir par s'évaporer. Si cela arrive, ajoutez simplement quelques gouttes de chacune des huiles essentielles sur le fondant parfumé avant de vous en servir.

Compresse rafraîchissante contre la fièvre

APPLICATION LOCALISÉE

Sans danger au-delà de 6 ans – Ne pas utiliser en cas de grossesse ou d'allaitement

La fièvre est la stratégie naturelle de votre corps pour combattre les infections et, pour l'essentiel, il faut la supporter plutôt que la faire tomber. Une compresse rafraîchissante peut faire descendre la température de votre corps quand elle monte trop.

1. Mettez le sachet de thé à la menthe poivrée dans l'eau bouillante. Couvrez et laissez infuser pendant 15 à 20 minutes.
2. Ajoutez 25 à 50 cL de glaçons et mélangez jusqu'à ce que la glace soit fondue et que la température de l'eau soit froide mais pas glacée.
3. Ajoutez les huiles essentielles et le vinaigre de cidre au thé à la menthe poivrée froid et mélangez bien.
4. Trempez un linge dans le mélange et tordez-le pour en extraire l'excès d'eau. Appliquez sur le front et sur les pieds pour aider à retirer la chaleur du corps.

Pour 1 traitement

50 cL d'eau bouillante
1 sachet de thé à la menthe poivrée (ou 1 cuillère à soupe de thé en feuilles)
25 à 50 cL (1 à 2 bols) de glaçons
4 gouttes d'huile essentielle de menthe poivrée
4 gouttes d'huile essentielle de lavande
62 mL de vinaigre de cidre

Conseil de substitution : pour une compresse rafraîchissante contre la fièvre qui convient aux enfants, remplacez l'huile essentielle de menthe poivrée par de l'huile essentielle de menthe verte.

Bain apaisant pour le rhume et la gripppe

APPLICATION LOCALISÉE

Sans danger au-delà de 2 ans

Les bains sont ma première ligne de défense à chaque fois que quelqu'un de ma famille a un rhume ou une grippe. Ce mélange apaisant soulage les symptômes du rhume et de la grippe tout en relaxant le corps et en renforçant le système immunitaire.

1. Dans un saladier de taille moyenne, mélangez l'huile végétale et les huiles essentielles.
2. Avec une cuillère, ajoutez du sel d'Epsom dans le mélange d'huiles.
3. Versez le mélange dans le bain sous l'eau courante du robinet.
4. Restez dans le bain pendant au moins 20 minutes.

Pour 1 traitement

2 cuillères à soupe huile d'amande douce (ou une autre huile végétale liquide)
2 gouttes d'huile essentielle de rosalina
3 gouttes d'huile essentielle de marjolaine à coquilles
3 gouttes d'huile essentielle de lavande
25 cL (1 bol) de sel d'Epsom

Conseil de substitution : si vous ne voulez pas que la baignoire soit huileuse après votre bain, remplacez l'huile végétale de cette recette par votre shampooing ou bain moussant préféré (non parfumé).

Huile pour les otites

APPLICATION LOCALISÉE

Sans danger au-delà de 2 ans – Consultez votre docteur avant de vous en servir pour être sûr que le tympan n'est pas perforé – Ne pas utiliser avec des tubes auriculaires

Les otites et les infections auriculaires ne sont drôles pour personne, quel que soit l'âge auquel on les contracte. Cette huile est conçue pour soulager la douleur des otites et traiter les infections auriculaires avec des huiles essentielles antibactériennes et antivirales diluées à 2 % dans de l'huile d'olive.

1. Mettez l'huile d'olive et les huiles essentielles dans un flacon en verre d'1 cL avec compte-gouttes.
2. Agitez doucement pour bien mélanger.
3. Commencez par chauffer l'huile en la scellant dans un sachet en plastique que vous mettrez dans un bol d'eau chaude. Inclinez doucement la tête sur le côté et mettez 1 ou 2 gouttes dans l'oreille. Gardez la tête inclinée pendant 2 minutes avant de faire la même chose avec l'autre oreille. Vous pouvez faire ceci deux fois par jour, au besoin.

Pour 3 cL

- 2 cuillères à soupe d'huile d'olive vierge extra
- 6 gouttes d'huile essentielle de lavande
- 6 gouttes d'huile essentielle de rosalina
- 3 gouttes d'huile essentielle de tea-tree
- 3 gouttes d'huile essentielle de camomille romaine

Astuce : vous pouvez aussi appliquer en massage 1 à 3 gouttes d'huile autour de l'extérieur de l'oreille et le long du cou, au besoin.

Pommade antibactérienne « anti-bobo »

APPLICATION LOCALISÉE

Convient à tous les âges

Cette pommade de guérison tous usages apaise et soigne les abrasions de la peau, les coupures et les autres types de « bobos ».

1. Dans une casserole, faites fondre à basse température l'huile de noix de coco, le beurre de karité et la cire d'abeille.
2. Une fois le mélange fondu, retirez du feu et ajoutez les huiles essentielles. Mélangez jusqu'à obtenir un fluide homogène.
3. Versez dans un bocal de 12 cL et mettez au congélateur pendant environ 20 minutes pour faire durcir le mélange.
4. Appliquez une petite noisette de pommade sur les blessures, coupures, égratignures et autres types de « bobos » pour les nettoyer.

Pour environ 12 cL

62 mL d'huile de noix de coco non raffinée
2 cuillères à soupe de beurre de karité
2 cuillères à soupe de cire d'abeille
30 gouttes d'huile essentielle de lavande
30 gouttes d'huile essentielle de tea-tree
20 gouttes d'huile essentielle de citron

Astuce : versez la pommade dans de petits pots de métal d'1,5 cL ou dans des tubes vides de baume à lèvres, et vous avez une pommade que vous pouvez mettre dans votre sac à main ou votre sac à dos pour l'emporter partout.

Spray antibactérien pour nettoyer les plaies

APPLICATION LOCALISÉE

Convient à tous les âges

Pour qu'une blessure guérisse sans s'infecter, la première chose à faire est de bien la nettoyer. Avec ce spray antibactérien, vous pouvez rapidement nettoyer toute blessure, que vous soyez chez vous ou dans la nature.

1. Dans un vaporisateur de 12 cL, mettez l'hamamélis, le gel d'aloé vera et la glycérine végétale, puis les huiles essentielles. Agitez doucement pour bien mélanger.
2. Ajoutez assez d'eau distillée pour remplir le flacon.
3. Secouez bien et vaporisez sur les blessures sales ou ouvertes. Tamponnez doucement avec un linge ou une serviette propre. Appliquez ensuite la pommade antibactérienne « anti-bobo ». Rangez votre vaporisateur dans un endroit frais à l'abri de la lumière.

Pour 12 cL

62 mL d'hamamélis
1 cuillère à soupe de gel d'aloé vera
1 cuillère à café de glycérine végétale
6 gouttes d'huile essentielle de géranium
10 gouttes d'huile essentielle de lavande
10 gouttes d'huile essentielle de rosalina
De l'eau distillée, pour compléter

Conseil de substitution : pour une guérison encore plus rapide, remplacez l'eau distillée par de l'hydrosol de lavande ou de calendula. L'un et l'autre sont connus pour faciliter la régénération des tissus, apaiser l'inflammation et soigner les blessures.

Lotion antidémangeaison à la calamine

APPLICATION LOCALISÉE

Convient à tous les âges

On se sert traditionnellement de plantes et d'argile pour apaiser les démangeaisons, et les remèdes d'aujourd'hui ne sont pas très différents. Cette lotion est utilisée dans le monde entier pour apaiser les démangeaisons dues aux morsures d'insectes, aux éruptions cutanées, au sumac vénéneux ou au sumac occidental et à la varicelle.

Pour environ 12 cL

- 2 cuillères à soupe de levure chimique
- 2 cuillères à soupe d'argile bentonite
- 1 cuillère à soupe de glycérine végétale
- Assez d'hamamélis pour former une pâte
- 1 cuillère à café d'huile de noix de coco non raffinée, fondue mais pas chaude
- 15 gouttes d'huile essentielle de lavande
- 5 gouttes d'huile essentielle de tea-tree

1. Dans un petit saladier en verre, mélangez la levure chimique et l'argile bentonite, puis ajoutez la glycérine végétale.
2. Lentement (1 cuillère à soupe à la fois), ajoutez l'hamamélis et mélangez jusqu'à obtenir une pâte lisse et crémeuse.
3. Ajoutez l'huile de noix de coco et les huiles essentielles et intégrez-les à la pâte.
4. Appliquez sur les morsures d'insectes, éruptions cutanées, boutons de varicelle et autres démangeaisons. Mettez au réfrigérateur quand vous ne vous en servez pas.

Inhalateur personnel contre les allergies saisonnières

DIFFUSION AROMATIQUE

Sans danger au-delà de 6 ans – Ne pas utiliser en cas de grossesse ou d'allaitement.

Les allergies saisonnières provoquent des nez qui démangent, des reniflements et des yeux qui pleurent, mais un inhalateur personnel pour aromathérapie peut vous aider à apaiser discrètement ces symptômes, où que vous soyez. Petit et compact, il peut tenir dans votre poche, votre sac à main, votre mallette ou votre sac à dos.

1. Mettez toutes les huiles essentielles dans un petit saladier en verre.
2. À l'aide d'une pince, ajoutez dans le saladier la mèche (le morceau de coton) d'un inhalateur personnel pour aromathérapie et promenez-la dans le saladier jusqu'à ce qu'elle ait absorbé tout le mélange d'huiles essentielles.
3. Servez-vous de la pince pour transférer la mèche dans le tube de l'inhalateur. Refermez le tube et étiquetez l'inhalateur.
4. Prenez une bouffée de l'inhalateur quand vous en avez besoin.

Pour 1 traitement

5 gouttes d'huile essentielle d'eucalyptus
5 gouttes d'huile essentielle de citron
5 gouttes d'huile essentielle de rosalina
5 gouttes d'huile essentielle de cyprès
1 mèche propre pour inhalateur personnel pour aromathérapie

Conseil de substitution : pour une version qui convienne aux enfants et aux femmes enceintes, remplacez l'huile essentielle d'eucalyptus par de l'huile essentielle de tanaisie annuelle (ou camomille bleue). La plupart des entreprises ne vendent que de la tanaisie annuelle *(Tanacetum annuum)*, mais prenez garde à ne pas la confondre avec la tanaisie vulgaire *(Tanacetum vulgare)*.

Roll-on pour maux de tête et sinusites

APPLICATION LOCALISÉE

Sans danger au-delà de 6 ans – Ne pas utiliser en cas de grossesse ou d'allaitement

Les maux de tête et les migraines sont ce qu'il y a de pire, et voici mon mélange irrésistible. L'huile essentielle de menthe poivrée est bien connue pour sa capacité à apaiser un mal de tête, tandis que la lavande aide à relâcher la tension et que l'eucalyptus soulage la pression dans les sinus.

Pour 1 cL

- 3 gouttes d'huile essentielle de menthe poivrée
- 3 gouttes d'huile essentielle de lavande
- 3 gouttes d'huile essentielle d'eucalyptus
- De l'huile de noix de coco fractionnée, pour compléter

1. Mettez les huiles essentielles dans un flacon roll-on en verre d'1 cL.
2. Ajoutez suffisamment d'huile de noix de coco fractionnée pour remplir le flacon. Fixez la bille et le capuchon, et agitez doucement pour bien mélanger. N'oubliez pas d'étiqueter le flacon.
3. Appliquez sur les tempes et la nuque. Massez doucement.

Bain réparateur pour les muscles

APPLICATION LOCALISÉE

Sans danger au-delà de 2 ans

Après une dure journée de travail ou une séance épuisante à la salle de sport, vos muscles apprécieraient un peu d'attention, et un bain aromathérapeutique au sel d'Epsom est exactement ce qu'il leur faut. Pour les enfants de 2 à 6 ans, soustrayez 1 goutte de chacune des huiles essentielles de la recette.

1. Dans un saladier en verre de taille moyenne, mélangez le bain moussant et les huiles essentielles.
2. À la cuillère, ajoutez le sel d'Epsom au mélange.
3. Versez le mélange dans le bain sous l'eau courante.
4. Restez dans la baignoire pendant au moins 20 minutes.

Pour 1 traitement

2 cuillères à soupe de bain moussant non parfumé
3 gouttes d'huile essentielle de marjolaine à coquilles
3 gouttes d'huile essentielle de rosalina
3 gouttes d'huile essentielle de poivre noir
250 mL (1 bol) de sel d'Epsom

Astuce : dans cette recette, remplacez au besoin le bain moussant par votre huile végétale préférée.

Huile de massage pour chauffer et réparer les muscles

APPLICATION LOCALISÉE

Sans danger au-delà de 6 ans – Ne pas utiliser en cas de grossesse ou d'allaitement

Quand les muscles font mal, il n'y a pas de meilleure thérapie qu'un massage. Cette huile va contribuer à réchauffer la zone du massage, à améliorer la circulation et à diminuer la douleur. Pour des recettes qui conviennent aux enfants, voyez chapitre 7, page 160, « Bain pour les crises de croissance » et « Huile de massage pour les crises de croissance ».

Pour environ 6 cL

62 mL d'huile végétale
25 gouttes d'huile essentielle de menthe poivrée
20 gouttes d'huile essentielle de clou de girofle
20 gouttes d'huile essentielle de feuille de cannelle
15 gouttes d'huile essentielle de gingembre

1. Dans un saladier en verre de taille moyenne, mélangez l'huile végétale et les huiles essentielles.
2. Versez le mélange dans un flacon pompe (ou dans tout autre récipient de votre choix).
3. Massez les muscles douloureux avec l'huile. N'en mettez pas sur des endroits sensibles, pour éviter toute irritation. Stockez-la dans un endroit frais à l'abri de la lumière.

Gargarisme contre le mal de gorge

APPLICATION LOCALISÉE

Sans danger au-delà de 10 ans – Ne pas utiliser en cas de grossesse ou d'allaitement

Un mal de gorge, ça fait très mal ; mais les huiles essentielles peuvent vous aider. L'huile essentielle de menthe poivrée est utile pour soulager un mal de gorge parce qu'elle réduit l'inflammation et apaise la douleur tout en renforçant aussi le système immunitaire pour aider à combattre l'infection.

Pour 3 cL

9 gouttes d'huile essentielle de menthe poivrée
2 cuillères à soupe d'huile de noix de coco fractionnée

Conseil de substitution : Servez-vous d'huile essentielle de menthe verte ou de citron si la menthe poivrée est trop forte pour vos papilles gustatives.

1. Diluez l'huile essentielle de menthe poivrée dans l'huile de noix de coco fractionnée. Versez le mélange dans un flacon.
2. Gargarisez-vous avec l'huile pendant 30 secondes, puis crachez. N'avalez pas le mélange. Stockez-le dans un endroit frais à l'abri de la lumière.

Pommade antifongique

APPLICATION LOCALISÉE

Sans danger au-delà de 2 ans

Avec un peu de persévérance et des huiles essentielles hautement antifongiques, vous pouvez vous débarrasser du pied d'athlète, de dermatomycoses et d'autres types de mycoses difficiles à traiter. Cette pommade apaise la peau enflammée, tout en combattant les infections fongiques et en soulageant les démangeaisons.

1. Dans une casserole à basse température, faites fondre l'huile de noix de coco, le beurre de karité et la cire d'abeille.
2. Une fois le mélange fondu, retirez du feu, ajoutez les huiles essentielles et mélangez.
3. Versez dans un bocal de 12 cL et mettez au congélateur pendant environ 20 minutes pour que le mélange durcisse.
4. Appliquez une petite noisette deux fois par jour sur une peau propre et sèche.

Pour environ 12 cL

62 mL d'huile de noix de coco non raffinée
2 cuillères à soupe de beurre de karité
2 cuillères à soupe de cire d'abeille
30 gouttes d'huile essentielle de lavande
30 gouttes d'huile essentielle de tea-tree
20 gouttes d'huile essentielle de feuille de cannelle

Astuce : versez la pommade dans de petits pots de métal d'1,5 cL ou dans des tubes vides de baume à lèvres pour vous en servir en déplacement.

Huile pour ôter les verrues

APPLICATION LOCALISÉE

Sans danger au-delà de 2 ans – Ne pas appliquer sur les parties génitales

Il peut être extrêmement difficile de se débarrasser d'une verrue ; mais j'ai vu des huiles essentielles les dissoudre comme par magie, sans aucune opération douloureuse. Cette huile aide aussi à réduire les petits appendices cutanés.

Pour 1 cL

- 30 gouttes d'huile essentielle de citron (distillé à la vapeur)
- 25 gouttes d'huile essentielle de cyprès
- 25 gouttes d'huile essentielle de marjolaine à coquilles
- 15 gouttes d'huile essentielle de tea-tree
- De l'huile de noix de coco fractionnée, pour compléter

1. Mettez les huiles essentielles dans un flacon de verre vide d'1 mL avec un compte-gouttes.
2. Ajoutez suffisamment d'huile de noix de coco fractionnée pour remplir le flacon. Insérez le capuchon compte-gouttes et agitez doucement pour bien mélanger. N'oubliez pas de mettre une étiquette.
3. Appliquez quelques gouttes sur un morceau de coton et mettez-le sur la verrue deux ou trois fois par jour jusqu'à ce qu'elle ait disparu.

Baume contre l'eczéma

APPLICATION LOCALISÉE

Sans danger au-delà de 2 ans

Quand vous avez une crise d'eczéma, ce baume apaisant vous aide à éliminer l'inflammation, faire cesser les démangeaisons et guérir les vésicules.

Pour environ 0,7 cL

62 mL d'huile de noix de coco non raffinée
2 cuillères à soupe de beurre de karité
2 cuillères à soupe de cire d'abeille
40 gouttes d'huile essentielle de lavande
25 gouttes d'huile essentielle de géranium
25 gouttes d'huile essentielle de coriandre
10 gouttes d'huile essentielle de cèdre de l'Atlas

1. Dans une casserole, faites fondre à basse température l'huile de noix de coco, le beurre de karité et la cire d'abeille.
2. Une fois le mélange fondu, retirez du feu et ajoutez les huiles essentielles. Mélangez bien.
3. Versez dans un bocal de 12 cL et mettez au congélateur pendant environ 20 minutes pour faire durcir le mélange.
4. Appliquez une petite noisette sur les zones affectées, au besoin.

Inhalateur personnel antinauséeux

DIFFUSION AROMATIQUE

Sans danger au-delà de 6 ans

Les nausées peuvent frapper à tout moment, et il est bien utile d'avoir à portée de main les huiles essentielles appropriées. La menthe et le gingembre sont bien connues pour leurs applications digestives et, ensemble, elles peuvent calmer les nausées les plus fortes, y compris le mal de mer et le mal des transports. Vous pouvez transporter cet inhalateur personnel dans votre sac à main, votre mallette, votre sac à dos ou votre poche pour y avoir accès facilement et en toute discrétion.

Pour 1 traitement

- 10 gouttes d'huile essentielle de menthe poivrée
- 7 gouttes d'huile essentielle de menthe verte
- 3 gouttes d'huile essentielle de gingembre
- 1 mèche propre pour inhalateur personnel pour aromathérapie

1. Mettez les huiles essentielles dans un petit saladier en verre.
2. À l'aide d'une pince, ajoutez dans le saladier la mèche (le morceau de coton) d'un inhalateur personnel pour aromathérapie et promenez-la dans le saladier jusqu'à ce qu'elle ait absorbé tout le mélange d'huiles essentielles.
3. Servez-vous de la pince pour transférer la mèche dans le tube de l'inhalateur. Refermez le tube et étiquetez l'inhalateur.
4. Inhalez au besoin.

Roll-on pour les maux de ventre

APPLICATION LOCALISÉE

Sans danger au-delà de 2 ans – Ne pas utiliser en cas de grossesse ou d'allaitement

En cas de maux d'estomac, d'indigestion ou de flatulences, appliquez ce roll-on sur l'abdomen pour calmer un estomac dérangé. Il peut aussi faire usage d'inhalateur personnel pour apaiser rapidement une nausée.

Pour 1 cL

5 gouttes d'huile essentielle de menthe verte
5 gouttes d'huile essentielle d'orange douce
3 gouttes d'huile essentielle de gingembre
2 gouttes d'huile essentielle de lemongrass
De l'huile de noix de coco fractionnée, pour compléter

1. Mettez les huiles essentielles dans un flacon roll-on en verre d'1 cL.
2. Ajoutez suffisamment d'huile de noix de coco fractionnée pour remplir le flacon. Fixez la bille et le capuchon et agitez doucement pour bien mélanger. N'oubliez pas d'ajouter une étiquette.
3. Faites rouler la bille sur votre abdomen et massez doucement en rond dans le sens des aiguilles d'une montre.

CHAPITRE 6

Pour le bien-être émotionnel

Mélange pour diffuseur contre le stress et l'anxiété

DIFFUSION AROMATIQUE

Convient à tous les âges – Ne pas utiliser en cas de grossesse

Quand le stress et l'anxiété crèvent le plafond, ce mélange pour diffuseur peut contribuer à soulager la tension, calmer les sautes d'humeur hormonales et détendre des nerfs à vif.

1. Mettez toutes les huiles essentielles dans un flacon vide d'huile essentielle (ou n'importe quel flacon en verre sombre avec un compte-gouttes) et agitez doucement le flacon pour mélanger.
2. Ajoutez 8 à 10 gouttes à un diffuseur et diffusez par plages de 30 minutes (30 minutes de diffusion et 30 minutes sans diffusion).

Pour 1,5 cL

1 cuillère à café d'huile essentielle de lavande
½ cuillère à café d'huile essentielle de sauge sclarée
1 cuillère à café d'huile essentielle de pamplemousse
½ cuillère à café d'huile essentielle de camomille romaine

Astuce : ce mélange d'huiles essentielles peut aussi être utilisé dans un roll-on pour aromathérapie. Ajoutez 9 gouttes du mélange à un flacon roll-on en verre d'1 cL et complétez avec de l'huile de noix de coco fractionnée.

Fondants parfumés contre l'anxiété

DIFFUSION AROMATIQUE

Convient à tous les âges

Rien de mieux que de se détendre avec un fondant parfumé. Ces fondants parfumés ont une senteur vive et hespéridée et ils sont excellents pour soulager le stress et l'anxiété. Asseyez-vous dans votre douche et laissez l'aromathérapie effacer tous vos soucis.

Pour 6 à 8 fondants parfumés

250 mL (1 bol) de levure chimique
125 mL (½ bol) d'acide citrique
1 cuillère à soupe d'amidon de maïs (vous pouvez le remplacer par de la poudre de marante ou n'importe quel type d'argile)
½ cuillère à café d'huile essentielle de bergamote
½ cuillère à café d'huile essentielle de coriandre
De l'hamamélis dans un petit vaporisateur
1 tasse de 60 mL ou des petits moules en silicone

1. Après avoir mis des gants en caoutchouc ou en latex, mélangez la levure chimique, l'acide citrique et l'amidon de maïs dans un saladier de taille moyenne, en cassant tous les grumeaux avec les doigts.
2. Ajoutez les huiles essentielles et mélangez-les bien avec les poudres, en cassant les petits grumeaux avec les mains gantées.
3. Vaporisez le mélange deux ou trois fois avec le flacon d'hamamélis et continuez de mélanger avec vos mains gantées jusqu'à obtenir une boule compacte (comme une boule de neige) qui ne s'effrite pas.
4. Répétez l'étape 3 si le mélange est trop sec pour bien tenir ensemble.
5. Mettez le mélange dans une tasse de 60 mL, en pressant bien. Retournez délicatement sur du papier sulfurisé et laissez sécher. Si vous utilisez des moules en silicone, pressez fermement le mélange dans les moules et laissez sécher toute la nuit avant de démouler.
6. Mettez un fondant parfumé à une extrémité de la baignoire ou de la douche, en évitant tout contact direct avec l'eau. Laissez-le se dissoudre lentement pendant que vous vous douchez et inspirez son parfum.

Roll-on relaxant

APPLICATION LOCALISÉE

Sans danger au-delà de 2 ans

Utilisez le roll-on relaxant, avec ses arômes apaisants de fleurs et d'agrumes, pour calmer vos nerfs et apaiser vos soucis.

1. Mettez les huiles essentielles dans un flacon roll-on en verre d'1 cL.
2. Ajoutez suffisamment d'huile de noix de coco fractionnée pour remplir le flacon. Fixez la bille et le capuchon et agitez doucement pour bien mélanger. N'oubliez pas d'ajouter une étiquette.
3. Massez doucement vos tempes, vos poignets et votre nuque.

Pour 1 cL

3 gouttes d'huile essentielle de camomille romaine

3 gouttes d'huile essentielle d'orange douce

3 gouttes d'huile essentielle de géranium

De l'huile de noix de coco fractionnée, pour compléter

Parfum roll-on des jours heureux

APPLICATION LOCALISÉE

Sans danger au-delà de 6 ans – Ne pas utiliser en cas de grossesse ou d'allaitement

Commencez la journée du bon pied avec un parfum frais et exaltant qui va enchanter vos sens..

1. Mettez les huiles essentielles dans un flacon roll-on en verre d'1 cL.
2. Ajoutez suffisamment d'huile de pépins de raisin pour remplir le flacon. Fixez la bille et le capuchon et agitez doucement pour bien mélanger. N'oubliez pas d'ajouter une étiquette.
3. Appliquez comme un parfum : derrière les oreilles et sur les poignets, sur la gorge et sur la nuque. Les parfums naturels ne durent pas aussi longtemps que les parfums synthétiques, donc réappliquez aussi souvent que nécessaire.

Pour 1 cL

3 gouttes d'huile essentielle de pamplemousse
2 gouttes d'huile essentielle de coriandre
3 gouttes d'huile essentielle de bergamote
1 goutte d'huile essentielle de lemongrass
De l'huile de pépins de raisin, pour compléter

Conseil de substitution : l'huile de pépins de raisin est utilisée dans cette recette pour que l'odeur dure plus longtemps, mais n'hésitez pas à vous servir d'une autre huile végétale liquide, comme de l'huile de noix de coco fractionnée.

Spray pour le corps « soleil et arc-en-ciel »

APPLICATION LOCALISÉE

Sans danger au-delà de 2 ans

Quand vous vous sentez un peu déprimé, ce mélange à l'odeur délicieuse va vous mettre de bonne humeur.

1. Dans un vaporisateur de 12 cL, mettez l'hamamélis, le gel d'aloé vera et la glycérine végétale, puis les huiles essentielles. Agitez doucement pour bien mélanger.
2. Ajoutez assez d'eau distillée pour remplir le flacon.
3. Agitez bien avant de vaporiser sur vos vêtements ou votre corps. Stockez dans un endroit frais à l'abri de la lumière.

Pour 12 cL

62 mL d'hamamélis
1 cuillère à soupe de gel d'aloé vera
1 cuillère à café de glycérine végétale
40 gouttes d'huile essentielle de citron
50 gouttes d'huile essentielle de bergamote
2 gouttes d'huile essentielle d'ylang-ylang
15 gouttes d'huile essentielle de vanille
De l'eau distillée, pour compléter

Astuce : vous pouvez utiliser ce spray sur des coussins, des canapés, des serviettes et sur la literie.

Spray du soir au magnésium

APPLICATION LOCALISÉE

Sans danger au-delà de 2 ans

Le manque de magnésium est extrêmement courant et peut provoquer divers symptômes comme des migraines, de l'anxiété, des sautes d'humeur, de l'insomnie et des spasmes musculaires. Ce spray pour le soir associe le pouvoir d'huiles essentielles relaxantes et du magnésium pour vous aider à calmer votre esprit et votre corps avant de dormir.

Pour 12 cL

- 1 cuillère à soupe d'huile de jojoba
- 1 cuillère à café de glycérine végétale
- 40 gouttes d'huile essentielle de lavande
- 20 gouttes d'huile essentielle de marjolaine à coquilles
- 15 gouttes d'huile essentielle de cèdre de l'Atlas
- 30 gouttes d'huile essentielle d'orange douce
- De l'huile de magnésium, pour compléter

1. Mettez dans un vaporisateur de 12 cL l'huile de jojoba et la glycérine végétale avec les huiles essentielles. Agitez doucement pour bien mélanger.
2. Ajoutez assez d'huile de magnésium pour remplir le flacon.
3. Appliquez au coucher. Secouez bien et vaporisez sur tout votre corps, surtout sur vos bras, vos jambes et vos pieds. Faites pénétrer dans votre peau. Stockez dans un endroit frais à l'abri de la lumière.

Astuce : vous pouvez utiliser de l'huile de magnésium du commerce ou en faire vous-même très facilement. Pour fabriquer votre propre huile de magnésium, mélangez ½ flocons de magnésium (du chlorure de magnésium, pas du sel d'Epsom) avec 3 cuillères à soupe d'eau bouillante et remuez jusqu'à dissolution complète.

Note : si vous n'avez encore jamais utilisé de spray au magnésium, votre peau peut commencer à vous démanger. Si cela se produit, diluez le produit de votre premier flacon avec 2 cuillères à soupe d'eau distillée avant de le compléter avec l'huile de magnésium. Vous pourrez vous servir de cette recette à son dosage normal quand il sera temps de remplir le flacon à nouveau.

Bain du soir pour bien dormir

APPLICATION LOCALISÉE

Sans danger au-delà de 2 ans

Un bain peut vous aider à vous détendre, et c'est avec cette recette que je vide mon esprit stressé et agité avant de me mettre au lit.

Pour 1 traitement

2 cuillères à soupe de bain moussant ou de shampooing non parfumé
3 gouttes d'huile essentielle de lavande
3 gouttes d'huile essentielle de camomille romaine
3 gouttes d'huile essentielle de coriandre
250 mL (1 bol) sel d'Epsom

1. Dans un saladier de taille moyenne, mélangez ensemble le bain moussant et les huiles essentielles.
2. À l'aide d'une cuillère, incorporez le sel d'Epsom au mélange.
3. Versez le mélange dans le bain, sous l'eau courante.
4. Restez dans la baignoire pendant au moins 20 minutes.

Astuce : si vous n'avez pas de bain moussant sous la main, n'hésitez pas à le remplacer par votre huile végétale préférée.

Spray du soir apaisant pour oreiller

DIFFUSION AROMATIQUE

Sans danger au-delà de 2 ans

Mettre en place une atmosphère propice au sommeil est l'une des premières choses à faire pour mieux dormir la nuit. Vous pouvez vaporisez ce remède dans toute votre chambre pour créer une atmosphère reposante.

J'ajoute de l'huile essentielle de rosalina pour soulager la congestion et réduire les ronflements, au besoin.

1. Dans un vaporisateur de 12 cL, mettez l'hamamélis et les huiles essentielles. Agitez doucement pour bien mélanger.
2. Ajoutez assez d'eau distillée pour remplir le flacon.
3. Agitez bien et vaporisez sur la literie (oreillers, couvertures, draps, matelas, rideaux de la chambre). Stockez dans un endroit frais à l'abri de la lumière.

Pour 12 cL

62 mL d'hamamélis
40 gouttes d'huile essentielle de lavande
40 gouttes d'huile essentielle de bergamote
20 gouttes d'huile essentielle de camomille romaine
10 gouttes d'huile essentielle de rosalina
De l'eau distillée, pour compléter

Astuce : avant le coucher, vaporisez ce mélange d'huiles sur votre pyjama et mettez-le au sèche-linge pendant 5 minutes. Il va le réchauffer et lui donner une délicieuse odeur apaisante qui vous aidera à vous endormir.

Huile de massage pour le coucher

APPLICATION LOCALISÉE

Sans danger au-delà de 2 ans

Nous sommes nombreux à vivre avec des muscles stressés. Avant de vous mettre au lit, un massage au moyen de cette huile à l'arôme frais et boisé peut vous aider à vous détendre et à vous endormir plus rapidement.

1. Dans un saladier en verre de taille moyenne, mélangez ensemble l'huile végétale et les huiles essentielles.
2. Versez le mélange dans un flacon pompe (ou le récipient de votre choix).
3. Massez votre corps avec l'huile, en vous concentrant sur les épaules, le cou, les jambes et les pieds. Évitez les zones sensibles. Stockez dans un endroit frais à l'abri de la lumière.

Pour environ 6 cL

62 mL d'huile végétale
15 gouttes d'huile essentielle de lavande
10 gouttes d'huile essentielle de marjolaine à coquilles
10 gouttes d'huile essentielle de cèdre de l'Atlas
5 gouttes d'huile essentielle d'oliban

Spray pour le tapis de yoga du matin

DIFFUSION AROMATIQUE, APPLICATION LOCALISÉE, NETTOYAGE

Sans danger au-delà de 2 ans – Ne pas utiliser en cas de grossesse ou d'allaitement

Une séance de yoga est ce qu'il y a de mieux pour bien commencer une journée. Ce spray pour tapis de yoga, frais et dynamisant, est multi-usages et peut servir à mettre une bonne ambiance pour votre pratique, aussi bien qu'à nettoyer le tapis de sol par la suite.

Pour 12 cL

62 mL d'hamamélis
20 gouttes d'huile essentielle pamplemousse
20 gouttes d'huile essentielle de citron
10 gouttes d'huile essentielle de menthe verte
4 gouttes d'huile essentielle de basilic
De l'eau distillée, pour compléter

1. Mettez dans un vaporisateur de 12 cL l'hamamélis et les huiles essentielles. Agitez doucement pour bien mélanger.
2. Ajoutez assez d'eau distillée pour remplir le flacon.
3. Agitez bien et vaporisez le tapis de sol et votre personne avant de commencer votre séance de yoga. Ensuite, vaporisez bien le tapis de sol et tamponnez-le avec une serviette pour le sécher.

Roll-on pour la méditation de pleine conscience

APPLICATION LOCALISÉE

Sans danger au-delà de 2 ans – Ne pas utiliser en cas de grossesse

Ce roll-on pour aromathérapie va vous aider à tirer le meilleur profit de vos séances de méditation en vous ancrant et en vous aidant à accroître votre concentration.

Pour 1 cL

1 goutte d'huile essentielle d'oliban
3 gouttes d'huile essentielle de bergamote
3 gouttes d'huile essentielle de lavande
2 gouttes d'huile essentielle de sauge sclarée
De l'huile de noix de coco fractionnée, pour compléter

1. Mettez les huiles essentielles dans un flacon roll-on en verre d'1 cL.
2. Ajoutez suffisamment d'huile de noix de coco fractionnée pour remplir le flacon. Fixez la bille et le capuchon et agitez doucement pour bien mélanger. N'oubliez pas d'ajouter une étiquette.
3. Quand vous vous préparez à méditer, massez doucement vos tempes, votre front, votre nuque et la plante de vos pieds avec cette huile.

Fondants parfumés dynamisants

DIFFUSION AROMATIQUE

Sans danger au-delà de 6 ans – Ne pas utiliser en cas de grossesse

Chaque matin, j'emporte un café ou un thé dans ma cabine de douche après y avoir mis un de ces fondants parfumés dynamisants. Ensuite, j'applique un après-shampooing et je reste assise à déguster ma boisson tout en inhalant les arômes dynamisants de menthe poivrée, de citron et de romarin. C'est une délicieuse façon de commencer la journée !

Pour 6 à 8 fondants parfumés

250 mL (1 bol) de levure chimique
125 mL (½ bol) d'acide citrique
1 cuillère à soupe d'amidon de maïs (on peut le remplacer par de la poudre de marante ou n'importe quel type d'argile)
½ cuillère à café d'huile essentielle de citron
¼ cuillère à café d'huile essentielle de menthe poivrée
¼ cuillère à café d'huile essentielle de romarin
De l'hamamélis dans un petit vaporisateur
1 tasse de 60 mL ou des petits moules en silicone

1. Après avoir mis des gants en caoutchouc ou en latex, mélangez la levure chimique, l'acide citrique et l'amidon de maïs dans un saladier de taille moyenne, en cassant tous les grumeaux avec les doigts.
2. Ajoutez les huiles essentielles et mélangez-les bien avec les poudres, en cassant les petits grumeaux de vos mains gantées.
3. Vaporisez le mélange deux ou trois fois avec le flacon d'hamamélis et continuez de mélanger avec vos mains gantées jusqu'à obtenir une boule compacte (comme une boule de neige) qui ne s'effrite pas.
4. Répétez l'étape 3 si le mélange est trop sec pour bien tenir ensemble.
5. Mettez le mélange dans une tasse de 60 mL, en pressant bien. Retournez délicatement sur du papier sulfurisé et laissez sécher. Si vous utilisez des moules en silicone, pressez fermement le mélange dans les moules et laissez sécher toute la nuit avant de démouler.
6. Mettez un fondant parfumé à une extrémité de la baignoire ou de la douche, en évitant tout contact direct avec l'eau. Laissez-le se dissoudre lentement pendant que vous vous douchez et inspirez son parfum.

Inhalateur personnel « Go, go, go ! »

DIFFUSION AROMATIQUE

Sans danger au-delà de 6 ans – Ne pas utiliser en cas de grossesse

Nous connaissons tous ces moments de perte d'énergie au milieu de la journée, où nous préférerions faire une sieste que retourner au travail ou à l'école. Ce mélange est conçu pour vous aider à traverser ces moments où vous avez besoin d'un peu de ressort.

Pour 1 traitement

- 5 gouttes d'huile essentielle de menthe poivrée
- 5 gouttes d'huile essentielle de sapin
- 5 gouttes d'huile essentielle de cyprès
- 5 gouttes d'huile essentielle de poivre noir
- 1 mèche propre pour inhalateur personnel pour aromathérapie

1. Mettez toutes les huiles essentielles dans un petit saladier en verre.
2. À l'aide d'une pince, ajoutez dans le saladier la mèche (le morceau de coton) d'un inhalateur personnel pour aromathérapie et promenez-la dans le saladier jusqu'à ce qu'elle ait absorbé tout le mélange d'huiles essentielles.
3. Servez-vous de la pince pour transférer la mèche dans le tube de l'inhalateur. Refermez le tube et étiquetez l'inhalateur.
4. Inhalez au besoin.

Roll-on pour l'attention et la concentration

APPLICATION LOCALISÉE

Sans danger au-delà de 6 ans – Ne pas utiliser en cas de grossesse ou d'allaitement

Nous avons tous besoin de temps à autre d'un peu d'aide pour nous concentrer, et des recherches ont montré que certaines huiles essentielles (en particulier le cèdre) peuvent contribuer à augmenter les fonctions cognitives, chasser les brumes du cerveau et diminuer les symptômes du TDAH.

1. Mettez les huiles essentielles dans un flacon roll-on en verre d'1 cL.
2. Ajoutez de l'huile de noix de coco fractionnée pour remplir le flacon. Fixez la bille et le capuchon et agitez doucement pour bien mélanger. N'oubliez pas d'ajouter une étiquette.
3. Massez doucement les tempes et la nuque avec le roll-on.

Pour 1 cL

3 gouttes d'huile essentielle de cèdre de l'Atlas
3 gouttes d'huile essentielle de bergamote
2 gouttes d'huile essentielle de coriandre
1 goutte d'huile essentielle de basilic
De l'huile de noix de coco fractionnée, pour compléter

Mélange pour diffuseur « aide aux devoirs »

DIFFUSION AROMATIQUE

Sans danger au-delà de 2 ans

Quand le temps presse et que vous devez rendre des travaux importants pour l'école, ce mélange pour diffuseur peut vous aider à vous concentrer sur la tâche à accomplir. Diffusez ce mélange chez vous ou dans la salle de classe pour augmenter votre concentration et votre productivité. Vous pouvez aussi vous servir de ce mélange pour diffuseur au bureau pour vous aider à vous concentrer au travail.

1. Mettez toutes les huiles essentielles dans un flacon vide d'huile essentielle (ou n'importe quel flacon en verre sombre avec un compte-gouttes) et agitez doucement pour bien mélanger.
2. Ajoutez 8 à 10 gouttes à un diffuseur et diffusez par plages de 30 minutes (30 minutes de diffusion et 30 minutes sans diffusion).

Pour 1,5 cL

1 cuillère à café d'huile essentielle de cèdre de l'Atlas

½ cuillère à café d'huile essentielle de lavande

½ cuillère à café d'huile essentielle de bergamote

½ cuillère à café d'huile essentielle de pamplemousse

½ cuillère à café d'huile essentielle d'oliban

Astuce : vous pouvez mettre 25 gouttes de ce mélange dans un inhalateur personnel pour l'emporter partout avec vous.

Inhalateur personnel pour réduire l'appétit

DIFFUSION AROMATIQUE

Sans danger au-delà de 2 ans

Plus de 90 % de notre sens du goût est lié à notre odorat, et les arômes agréables peuvent envoyer au cerveau le signal que notre appétit est satisfait, même si nous n'avons pas avalé le moindre petit morceau. Cette recette est conçue pour réduire votre appétit et, par un usage répété, mettre un terme au grignotage.

1. Mettez toutes les huiles essentielles dans un petit saladier en verre.
2. À l'aide d'une pince, ajoutez dans le saladier la mèche (le morceau de coton) d'un inhalateur personnel pour aromathérapie et promenez-la dans le saladier jusqu'à ce qu'elle ait absorbé tout le mélange d'huiles essentielles.
3. Servez-vous de la pince pour transférer la mèche dans le tube de l'inhalateur. Refermez le tube et étiquetez l'inhalateur.
4. Inhalez au besoin.

Pour 1 traitement

5 gouttes d'huile essentielle de pamplemousse
5 gouttes d'huile essentielle de bergamote
5 gouttes d'huile essentielle de feuille de cannelle
5 gouttes d'huile essentielle de coriandre
1 mèche propre pour inhalateur personnel pour aromathérapie

Huile de massage pour amoureux

APPLICATION LOCALISÉE

Sans danger au-delà de 2 ans

Vous n'avez pas besoin d'un hôtel cinq étoiles ou d'un spa luxueux pour profiter d'un moment de sensualité. Vous pouvez facilement créer chez vous une atmosphère romantique en vous servant d'huiles essentielles. Jetez quelques pétales de rose sur le lit, allumez quelques bougies et passez votre musique préférée, parce que cette huile de massage va faire des étincelles.

Pour 6 cL

62 mL d'huile végétale
25 gouttes d'huile essentielle de bergamote
20 gouttes d'huile essentielle de coriandre
20 gouttes d'huile essentielle de lavande
10 gouttes d'huile essentielle de rose

1. Dans un saladier en verre de taille moyenne, mélangez ensemble l'huile végétale et les huiles essentielles.
2. Versez le mélange dans un flacon pompe (ou dans le récipient de votre choix).
3. Massez le corps de votre partenaire avec l'huile, en évitant les zones sensibles. Stockez-la dans un endroit frais à l'abri de la lumière.

Conseil de substitution : l'huile essentielle de rose peut être très chère, même pour une petite quantité. L'absolu de rose est un bon produit de substitution et sent tout aussi bon.

Spray romantique de la baie du paradis

DIFFUSION AROMATIQUE

Sans danger au-delà de 2 ans

Installez une atmosphère romantique avec ce spray parfumé qui peut être appliqué sur les meubles, les vêtements et la literie.

Pour 12 cL

62 mL d'hamamélis
75 gouttes d'huile essentielle d'orange douce
25 gouttes d'huile essentielle de vanille
10 gouttes d'huile essentielle d'ylang-ylang
De l'eau distillée, pour compléter

1. Dans un vaporisateur de 12 cL, mélangez l'hamamélis avec les huiles essentielles. Agitez doucement pour bien mélanger.
2. Ajoutez assez d'eau distillée pour remplir le flacon.
3. Secouez bien et vaporisez dans l'air et sur les oreillers, les couvertures, les draps, le matelas et les rideaux. Stockez dans un endroit frais à l'abri de la lumière.

Conseil de substitution : l'hydrosol de rose s'associe bien avec ce spray et peut remplacer l'eau filtrée.

Spa à domicile

APPLICATION LOCALISÉE

Sans danger au-delà de 6 ans – Ne pas utiliser en cas de grossesse ou d'allaitement

Quand vous avez besoin d'un spa chez vous, ce mélange pour bain vous sera utile, avec ses arômes apaisants et exaltants..

1. Dans un saladier de taille moyenne, mélangez l'huile végétale et les huiles essentielles.
2. Avec une cuillère, ajoutez le sel d'Epsom au mélange d'huiles.
3. Versez le mélange dans votre bain, sous l'eau courante.
4. Restez dans la baignoire pendant au moins 20 minutes.

Pour 1 traitement

2 cuillères à soupe d'huile d'olive (ou une autre huile végétale liquide)

3 gouttes d'huile essentielle de lavande

3 gouttes d'huile essentielle d'eucalyptus

3 gouttes d'huile essentielle de marjolaine à coquilles

250 mL (1 bol) de sel d'Epsom

Astuce : remplacez l'huile végétale par un shampooing ou un bain moussant non parfumé pour éviter que votre baignoire soit glissante après votre bain.

Parfum de créativité

APPLICATION LOCALISÉE

Sans danger au-delà de 6 ans – Ne pas utiliser en cas de grossesse ou d'allaitement

Ce mélange est un moyen facile, efficace et naturel pour stimuler l'inspiration et la créativité, que vous soyez artiste ou non.

1. Mettez les huiles essentielles dans un flacon roll-on en verre d'1 cL.
2. Complétez le flacon avec de l'huile de pépins de raisin. Fixez la bille et le capuchon et agitez doucement pour bien mélanger. N'oubliez pas d'ajouter une étiquette.
3. Appliquez comme vous le feriez pour un parfum : derrière les oreilles, sur les poignets, sur la gorge et sur la nuque. Les parfums naturels ne durent pas aussi longtemps que les parfums synthétiques, donc réappliquez aussi souvent que nécessaire.

Pour 1 cL

3 gouttes d'huile essentielle d'orange douce
2 gouttes d'huile essentielle de bergamote
2 gouttes d'huile essentielle de feuille de cannelle
1 goutte d'huile essentielle de clou de girofle
1 goutte d'huile essentielle de vanille
Huile de pépins de raisin, pour compléter

Conseil de substitution : l'huile de pépins de raisin permet de faire durer l'odeur de ce parfum, mais vous pouvez utiliser une autre huile végétale liquide, comme de l'huile de noix de coco fractionnée.

CHAPITRE 7

Pour la famille

Baume pour vergetures

APPLICATION LOCALISÉE

Convient à tous les âges

Les vergetures et les cicatrices font naturellement partie de la grossesse et de l'accouchement, mais elles peuvent être réduites si on en prend soin. Une application quotidienne de ce baume pour vergetures peut empêcher et diminuer les ridules, les cicatrices et les vergetures, et elle est sans danger pour toute la famille.

1. Dans une casserole à basse température, faites fondre l'huile de noix de coco et le beurre de mangue.
2. Une fois le mélange fondu, retirez du feu et incorporez l'huile d'églantier, la vitamine E et les huiles essentielles.
3. Versez dans un bocal et mettez au congélateur pendant environ 20 minutes pour que le mélange durcisse.
4. Massez votre ventre, votre dos, vos fesses, vos bras et vos jambes chaque jour avec ce baume pour empêcher les vergetures et diminuer les cicatrices.

Pour environ 15 cL

2 cuillères à soupe d'huile de noix de coco non raffinée
62 mL de beurre de mangue
62 mL d'huile d'églantier
1 cuillère à café de vitamine E
15 gouttes d'huile essentielle de lavande
10 gouttes d'huile essentielle de citron
5 gouttes d'huile essentielle de camomille romaine

Conseil de substitution : ces vingt dernières années, l'huile de tamanu a été étudiée en détail, et il y a des preuves de son extraordinaire capacité à traiter les peaux abîmées, dont les vergetures et les cicatrices. Remplacez la moitié de l'huile d'églantier de cette recette par 2 cuillères à soupe d'huile de tamanu pour renforcer ses bienfaits thérapeutiques.

Inhalateur personnel pour nausées matinales

DIFFUSION AROMATIQUE

Convient à tous les âges

Plus de la moitié des femmes enceintes ont des nausées matinales, et les inhalateurs à huile essentielle sont un excellent moyen de contribuer à en soulager les symptômes. Cette recette pour inhalateur personnel vous fournit une option compacte que vous pouvez transporter discrètement dans un sac à main, une mallette, un sac à dos ou une poche.

Pour 1 traitement

10 gouttes d'huile essentielle de coriandre
10 gouttes d'huile essentielle de gingembre
10 gouttes d'huile essentielle de citron
1 mèche propre pour inhalateur personnel pour aromathérapie

1. Mettez toutes les huiles essentielles dans un petit saladier en verre.
2. À l'aide d'une pince, ajoutez dans le saladier la mèche (le morceau de coton) d'un inhalateur personnel pour aromathérapie et promenez-la dans le saladier jusqu'à ce qu'elle ait absorbé tout le mélange d'huiles essentielles.
3. Servez-vous de la pince pour transférer la mèche dans le tube de l'inhalateur. Refermez le tube et étiquetez l'inhalateur.
4. Inhalez au besoin.

Baume pour les seins de Bohemi Mama

APPLICATION LOCALISÉE

Convient à tous les âges

Nourrir votre bébé au sein est une expérience magnifique, mais qui a quelques mauvais côtés, comme des tétons secs et craquelés et, de temps en temps, des marques de dents. Ce baume apaisant pour les seins est conçu pour soulager et soigner les seins douloureux, et laisser la peau douce et souple.

Pour 12 cL

62 mL d'huile de noix de coco non raffinée
2 cuillères à soupe de beurre de karité
2 cuillères à soupe de cire d'abeille
16 gouttes d'huile essentielle de lavande
20 gouttes d'huile essentielle de camomille romaine

1. Dans une casserole à basse température, faites fondre l'huile de noix de coco, le beurre de karité et la cire d'abeille.
2. Une fois le mélange fondu, retirez du feu et ajoutez les huiles essentielles. Mélangez bien.
3. Versez dans un bocal de 12 cL et mettez au congélateur pendant environ 20 minutes pour que le mélange durcisse.
4. Appliquez une petite noisette sur les seins et les tétons immédiatement après une séance d'allaitement et avant la prochaine.

Astuce : versez la pommade dans de petits pots de métal d'1,5 cL ou dans des tubes vides de baume à lèvres pour vous en servir en déplacement.

Poudre pour bébé

APPLICATION LOCALISÉE

Convient à tous les âges

La poudre pour bébé garde leurs petites fesses bien au sec dans leurs couches et empêche l'érythème fessier. À la différence de nombreuses poudres vendues en supermarché, cette recette ne contient pas de talc et elle est facile à préparer.

Pour 250 mL (1 bol)

125 mL (½ bol) de poudre de marante
125 mL (½ bol) de kaolin
20 gouttes d'huile essentielle d'orange douce

1. Mélangez la poudre de marante et le kaolin dans un saladier de taille moyenne.
2. Ajoutez l'huile essentielle et incorporez à l'argile de vos mains gantées de caoutchouc ou de latex, en brisant les grumeaux éventuels.
3. Versez la quantité de poudre désirée sur le derrière sec et propre de votre bébé, pour absorber toute humidité et adoucir la peau. Stockez dans un récipient adapté.

Astuce : transformez ce mélange en une incroyable poudre aux plantes pour bébé en ajoutant 1 cuillère à soupe de chacune de ces plantes, finement broyées : bourgeons de lavande, fleurs de camomille et feuilles de consoude.

Mélange antibactérien junior pour diffuseur

DIFFUSION AROMATIQUE

Convient à tous les âges

Rien ne vient à bout des microbes aussi bien que ce mélange d'huiles essentielles antibactérien et antiviral adapté aux enfants. Diffusez-le dans toute votre maison pour renforcer le système immunitaire et soulager les symptômes du rhume et de la grippe.

1. Mettez toutes les huiles essentielles dans un flacon vide d'huile essentielle (ou n'importe quel flacon en verre sombre avec un compte-gouttes) et agitez doucement pour bien mélanger.
2. Ajoutez-en 6 à 8 gouttes à un diffuseur et diffusez par plage de 30 minutes (30 minutes de diffusion et 30 minutes sans diffusion).

Pour 1,5 cL

¾ cuillère à café d'huile essentielle de lavande
1 cuillère à café d'huile essentielle de rosalina
¼ cuillère à café d'huile essentielle de sapin
¾ cuillère à café d'huile essentielle de marjolaine à coquilles
¼ cuillère à café d'huile essentielle d'oliban

Astuce : ce mélange d'huiles essentielles peut aussi être utilisé dans toutes les recettes pour produits de nettoyage de ce livre.

Baume pectoral pour enfants

APPLICATION LOCALISÉE

Sans danger au-delà de 2 ans

Les baumes pectoraux sont d'excellents remèdes pour les maladies respiratoires, mais il n'est pas conseillé de se servir d'huiles essentielles d'eucalyptus ou de menthe poivrée avec de jeunes enfants. Cette recette vous propose des huiles essentielles adaptées aux enfants pour aider à soulager la toux et la congestion et permettre aux tout petits de respirer plus facilement (voir la recette page 119 pour les enfants plus âgés et les adultes).

1. Dans une casserole à basse température, faites fondre l'huile de noix de coco et la cire d'abeille.
2. Une fois le mélange fondu, retirez du feu et ajoutez les huiles essentielles.
3. Versez dans un bocal de 12 cL et mettez au congélateur pendant environ 20 minutes pour que le mélange durcisse.
4. Appliquez sur la poitrine, le dos et le cou, au besoin.

Pour environ 12 cL

65 mL d'huile de noix de coco non raffinée

2 cuillères à soupe de cire d'abeille

20 gouttes d'huile essentielle de lavande

20 gouttes d'huile essentielle de sapin

20 gouttes d'huile essentielle de menthe verte

20 gouttes d'huile essentielle de marjolaine à coquilles

Astuce : pour calmer une toux à l'heure du coucher, massez la plante des pieds avec ce baume pectoral et mettez une paire de chaussettes.

Baume pour les fesses de bébé

APPLICATION LOCALISÉE

Convient à tous les âges

Ce baume très doux apaise et soigne naturellement la peau à vif, tout en gardant propre la zone concernée. Elle sert aussi de crème anti-bobo adaptée aux enfants pour les coupures, les égratignures et les autres blessures mineures.

Pour environ 12 cL

- 62 mL d'huile de noix de coco non raffinée
- 2 cuillères à soupe de beurre de karité
- 2 cuillères à soupe de cire d'abeille
- 12 gouttes d'huile essentielle de lavande
- 12 gouttes d'huile essentielle de camomille romaine

1. Dans une casserole à basse température, faites fondre l'huile de noix de coco, le beurre de karité et la cire d'abeille.
2. Une fois le mélange fondu, retirez du feu et ajoutez les huiles essentielles. Mélangez bien.
3. Versez dans un bocal de 12 cL et mettez au congélateur pendant environ 20 minutes pour que le mélange durcisse.
4. Appliquez une petite noisette sur les fesses propres et sèches pour apaiser l'inflammation et empêcher les éruptions cutanées.

Astuce : versez la pommade dans de petits pots de métal de 1,5 cL ou dans des tubes vides de baume à lèvres pour vous en servir en déplacement.

Roll-on pour poussée dentaire

APPLICATION LOCALISÉE

Sans danger au-delà de 6 mois, Pour usage externe uniquement

La poussée des dents peut être un moment difficile pour les bébés comme pour les parents. Si certains recommandent de se servir d'huile essentielle de clou de girofle pour insensibiliser les gencives de bébé, cette pratique n'est pas sans danger. Il ne faut utiliser les huiles essentielles que de façon externe pour apaiser les douleurs dentaires. On utilise ce roll-on en application localisée sur la ligne de la mâchoire et sur les joues pour soulager la douleur et calmer l'enfant.

Pour 1 cL

1 goutte d'huile essentielle de lavande
1 goutte d'huile essentielle de camomille romaine
1 goutte d'huile essentielle de rosalina
De l'huile de noix de coco fractionnée, pour compléter

1. Mettez les huiles essentielles dans un flacon roll-on en verre d'1 cL.
2. Ajoutez assez d'huile de noix de coco fractionnée pour remplir le flacon. Fixez la bille et le capuchon et agitez doucement pour bien mélanger. N'oubliez pas d'ajouter une étiquette.
3. Passez doucement le roll-on le long de la mâchoire et sur les joues aussi souvent que nécessaire.

Bain pour les crises de croissance

APPLICATION LOCALISÉE

Sans danger au-delà de 2 ans

Ce qu'on appelle « crises de croissance », les crampes douloureuses que connaissent les enfants entre 3 et 12 ans dans les bras et les jambes, semblent plus communes après des journées particulièrement actives. Ce bain va contribuer à apaiser les douleurs et à détendre les muscles de votre enfant pour qu'il puisse avoir une meilleure nuit de sommeil.

1. Dans un saladier de taille moyenne, mélangez ensemble bain moussant et les huiles essentielles.
2. Avec une cuillère, ajoutez le sel d'Epsom au mélange.
3. Versez le mélange dans le bain sous l'eau courante.
4. Restez dans le bain pendant au moins 20 minutes.

Pour 1 traitement

2 cuillères à soupe de bain moussant non parfumé
2 gouttes d'huile essentielle de marjolaine à coquilles
2 gouttes d'huile essentielle de rosalina
2 gouttes d'huile essentielle de lavande
250 mL (1 bol) de sel d'Epsom

Astuce : les plantes anti-inflammatoires comme la lavande et la camomille font d'extraordinaires compléments à ce bain. Ajoutez 62 mL de chaque plante à un sachet de thé ou à une vieille chaussette propre nouée très serré que vous mettrez dans le bain.

Huile de massage pour les crises de croissance

APPLICATION LOCALISÉE

Sans danger au-delà de 2 ans

Les crises de croissance semblent surtout frapper le soir, et ce remède va non seulement apaiser les muscles douloureux, mais aussi détendre l'enfant avant le coucher.

1. Dans un saladier en verre de taille moyenne, mélangez ensemble l'huile végétale et les huiles essentielles.
2. Versez le mélange dans un flacon pompe (ou dans le récipient de votre choix).
3. Massez les muscles douloureux de votre enfant avec cette huile, en évitant les endroits sensibles. Stockez-la dans un endroit frais à l'abri de la lumière.

Pour 6 cL

62 mL d'huile végétale
10 gouttes d'huile essentielle de lavande
15 gouttes d'huile essentielle de marjolaine à coquilles
10 gouttes d'huile essentielle de camomille romaine

Astuce : pour un meilleur résultat, servez-vous de cette huile de massage après un bain pour les crises de croissance (voir page 169).

La pommade apaisante de Tante Flo

APPLICATION LOCALISÉE

Sans danger au-delà de 10 ans. Ne pas utiliser en cas de grossesse

Depuis mon adolescence, mes règles ont souvent été très douloureuses ; et je n'ai jamais voulu prendre beaucoup de médicaments. Cette pommade apaisante contribue à calmer naturellement une partie des douleurs menstruelles.

1. Dans une casserole à basse température, combinez l'huile d'olive et la cire d'abeille.
2. Une fois le mélange fondu, retirez du feu et ajoutez les huiles essentielles.
3. Versez dans un bocal de 12 cL et mettez au congélateur pendant environ 20 minutes pour que le mélange durcisse.
4. Appliquez sur l'abdomen, le bas du dos et les cuisses pour apaiser les crampes douloureuses et calmer les nerfs à vif.

Pour environ 12 cL

65 mL d'huile d'olive
2 cuillères à soupe de cire d'abeille
30 gouttes d'huile essentielle de clou de girofle
20 gouttes d'huile essentielle de lavande
15 gouttes d'huile essentielle de géranium
15 gouttes d'huile essentielle de bergamote
10 gouttes d'huile essentielle de sauge sclarée
10 gouttes d'huile essentielle de gingembre

Astuce : l'arnica et le millepertuis sont bien connus pour leurs propriétés anti-inflammatoires et analgésiques. Pour un merveilleux complément à cette pommade, faites infuser 2 cuillères à soupe de fleurs d'arnica et 2 cuillères à soupe de fleurs de millepertuis dans l'huile d'olive à basse température pendant 2 heures. Filtrez et continuez de préparer la recette.

Bain pour le syndrome prémenstruel

APPLICATION LOCALISÉE

Sans danger au-delà de 2 ans – Ne pas utiliser en cas de grossesse

Je sais par expérience que ce bain pour le syndrome prémenstruel apporte un soulagement émotionnel et physique, équilibre les hormones et apaise les douleurs.

1. Dans un saladier de taille moyenne, mélangez le bain moussant et les huiles essentielles.
2. Avec une cuillère, ajoutez le sel d'Epsom au mélange.
3. Versez le mélange dans le bain, sous l'eau courante.
4. Restez dans le bain pendant au moins 20 minutes.

Pour 1 traitement

2 cuillères à soupe de bain moussant non parfumé
3 gouttes d'huile essentielle de lavande
3 gouttes d'huile essentielle de camomille romaine
3 gouttes d'huile essentielle de sauge sclarée
250 mL (1 bol) de sel d'Epsom

Conseil de substitution : si vous n'avez pas de bain moussant, utilisez à la place votre huile végétale préférée.

Astuce : après ce bain, appliquez la pommade apaisante de Tante Flo (voir page 171) pour soulager plus durablement le syndrome prémenstruel.

Roll-on contre les sautes d'humeur dues à la ménopause

APPLICATION LOCALISÉE

Sans danger au-delà de 6 ans – Ne pas utiliser en cas de grossesse

Les symptômes de la ménopause peuvent varier d'une femme à l'autre, mais des sautes d'humeur accompagnent souvent les poussées hormonales. Ce roll-on calmant va contribuer à apaiser vos nerfs à vif et votre mauvaise humeur, et à réguler vos secrétions hormonales..

Pour 1 cL

3 gouttes d'huile essentielle de lavande
3 gouttes d'huile essentielle de sauge sclarée
3 gouttes d'huile essentielle de géranium
De l'huile de noix de coco fractionnée, pour compléter

1. Mettez les huiles essentielles dans un flacon roll-on en verre d'1 cL.
2. Ajoutez suffisamment d'huile de noix de coco fractionnée pour remplir le flacon. Fixez la bille et le capuchon et agitez doucement pour bien mélanger. N'oubliez pas d'ajouter une étiquette.
3. Passez doucement ce roll-on sur vos tempes, votre cou, votre gorge et l'arrière de vos oreilles.

Spray rafraîchissant contre les bouffées de chaleur

APPLICATION LOCALISÉE

Sans danger au-delà de 6 ans – Ne pas utiliser en cas de grossesse

Ce spray miraculeux contre les bouffées de chaleur vous rafraîchira en un instant, où que vous soyez.

1. Dans un vaporisateur de 12 cL, mettez l'hamamélis, le gel d'aloé vera et la glycérine végétale avec les huiles essentielles. Agitez doucement pour bien mélanger.
2. Ajoutez assez d'eau distillée pour remplir le flacon.
3. Secouez bien et vaporisez sur votre visage, vos bras, votre poitrine et votre nuque au besoin pour apaiser vos bouffées de chaleur. Assurez-vous de garder les yeux fermés quand vous vaporisez sur votre visage.

Pour 12 cL

62 mL d'hamamélis
1 cuillère à soupe de gel d'aloé vera
1 cuillère à café de glycérine végétale
10 gouttes d'huile essentielle de menthe poivrée
10 gouttes d'huile essentielle de lavande
10 gouttes d'huile essentielle de sauge sclarée
De l'eau distillée, pour compléter

Conseil de substitution : l'hydrosol de menthe poivrée est très doux et a un effet merveilleusement rafraîchissant qui peut être utilisé en application localisée pour vous rafraîchir. Dans cette recette, remplacée l'eau distillée par de l'hydrosol de menthe poivrée pour un effet plus frais.

Astuce : essayez de stocker ce spray au réfrigérateur pour une application encore plus froide et rafraîchissante.

Pommade pour l'intertrigo inguinal

APPLICATION LOCALISÉE

Sans danger au-delà de 6 ans – Ne pas utiliser en cas de grossesse ou d'allaitement

L'intertrigo inguinal, un type de dermatomycose, est causé par un champignon qui prospère dans les zones chaudes et humides du corps. Les huiles essentielles hautement antifongiques et anti-inflammatoires utilisées dans cette pommade sont assez douces pour pouvoir être appliquées dans la région de l'aine et vont apaiser et traiter les infections fongiques. Elle peut être utilisée sur d'autres types de dermatomycose ainsi que sur le pied d'athlète.

Pour environ 12 cL

62 mL d'huile de noix de coco non raffinée
2 cuillères à soupe de beurre de karité
2 cuillères à soupe de cire d'abeille
10 gouttes d'huile essentielle de lavande
10 gouttes d'huile essentielle de tea-tree
10 gouttes d'huile essentielle de citron
10 gouttes d'huile essentielle d'eucalyptus

1. Dans une casserole à basse température, faites fondre l'huile de noix de coco, le beurre de karité et la cire d'abeille.
2. Une fois le mélange fondu, retirez du feu et ajoutez les huiles essentielles. Mélangez bien.
3. Versez dans un bocal de 12 cL et mettez au congélateur pendant environ 20 minutes pour que le mélange durcisse.
4. Appliquez une petite noisette sur la peau sèche et propre, au niveau des éruptions cutanées qui démangent.

Astuce : versez la pommade dans de petits pots de métal de 1,5 cL ou dans des tubes vides de baume à lèvres pour vous en servir en déplacement.

Huile tropicale contre le feu de barbe

APPLICATION LOCALISÉE

Sans danger au-delà de 6 ans – Ne pas utiliser en cas de grossesse ou d'allaitement

Une huile pour la barbe comme celle-ci aide à soigner, adoucir et défriser la barbe, pour lui donner un air moins hirsute. Elle permet aussi d'hydrater et d'adoucir la peau sous la barbe, ce qui empêche les démangeaisons.

1. Dans un saladier en verre de taille moyenne, mélangez ensemble les huiles porteuses et les huiles essentielles.
2. Versez le mélange dans un flacon en verre avec un compte-gouttes et étiquetez-le.
3. Après avoir humecté la barbe, versez 5 à 8 gouttes (suivant la surface de la barbe) dans la paume de votre main et massez bien la barbe. Peignez la barbe avec les doigts.

Pour 3 cL

1 cuillère à soupe d'huile de chanvre
½ cuillère à soupe d'huile d'avocat
½ cuillère à soupe d'huile de noyau d'abricot
10 gouttes d'huile essentielle de cyprès
10 gouttes d'huile essentielle de bergamote
3 gouttes d'huile essentielle de clou de girofle

Conseil de substitution : pour un arôme boisé et rafraîchissant, remplacez les huiles essentielles de la recette d'origine par 10 gouttes d'huile essentielle de sapin, 10 gouttes d'huile essentielle de cèdre et 3 gouttes d'huile essentielle de menthe poivrée.

Mélange pour diffuseur « divine élévation »

DIFFUSION AROMATIQUE

Sans danger au-delà de 2 ans – Ne pas utiliser en cas de grossesse ou d'allaitement

La dysfonction érectile affecte environ 30 millions d'hommes aux États-Unis et elle peut frapper à tous les âges. Des recherches limitées suggèrent que certaines huiles essentielles, dont une combinaison d'huiles de citrouille et de lavande, peuvent diminuer l'anxiété et augmenter le flux sanguin dans le pénis (Hirsch, 2014). Gardant ceci à l'esprit, ce mélange pour diffuseur a été créé pour vous déstresser et vous aider à vous mettre dans l'ambiance.

1. Mettez toutes les huiles essentielles dans un flacon vide d'huile essentielle (ou n'importe quel flacon en verre sombre avec un compte-gouttes) et agitez doucement pour bien mélanger.
2. Ajoutez 8 à 10 gouttes à un diffuseur et diffusez pendant 30 minutes dans la pièce appropriée.

Pour 1,5 cL

1 cuillère à café d'huile essentielle d'orange douce

¾ cuillère à café d'huile essentielle de lavande

¾ cuillère à café d'huile essentielle de feuille de cannelle

¼ cuillère à café d'huile essentielle de clou de girofle

¼ cuillère à café d'huile essentielle de vanille

Astuce : ce mélange d'huiles essentielles peut aussi être utilisé dans une huile de massage. Mélangez 3 cL de votre huile végétale préférée avec 18 gouttes de ce mélange et massez-vous-en le dos, la poitrine, les jambes et les pieds avant un rapport sexuel. Évitez les zones sensibles et n'appliquez pas aux parties intimes.

Spray après-rasage

APPLICATION LOCALISÉE

Sans danger au-delà de 6 ans – Ne pas utiliser en cas de grossesse ou d'allaitement

Un après-rasage aide à nettoyer et à adoucir la peau, soigner les coupures et refermer les pores. Ce spray peut aussi contribuer à réduire les coupures de rasoir, les coups et les inflammations de la peau.

1. Dans un vaporisateur de 12 cL, mettez l'hamamélis, le gel d'aloé vera et la glycérine végétale avec les huiles essentielles. Agitez doucement pour bien mélanger.
2. Ajoutez assez d'eau distillée pour remplir le flacon.
3. Secouez bien et vaporisez soigneusement sur le visage, les yeux fermés. Séchez en tamponnant doucement avec une serviette ou un linge propre. Stockez-la dans un endroit frais à l'abri de la lumière.

Pour 12 cL

62 mL d'hamamélis
1 cuillère à soupe de gel d'aloé vera
1 cuillère à café de glycérine végétale
10 gouttes d'huile essentielle de tea-tree
10 gouttes d'huile essentielle de menthe poivrée
De l'eau distillée, pour compléter

Conseil de substitution : pour que cet après-rasage soit encore plus adoucissant, remplacez l'eau distillée de cette recette par de l'hydrosol de menthe poivrée. La menthe poivrée est naturellement anti-inflammatoire et antibactérienne et contribuera à nettoyer et apaiser toute coupure.

Astuce : voir le chapitre 8 pour faire suivre ce spray d'une huile hydratante pour le visage (voir page 182).

Pommade pour soulager l'arthrite

APPLICATION LOCALISÉE

Sans danger au-delà de 6 ans – Ne pas utiliser en cas de grossesse ou d'allaitement

L'arthrite et les douleurs articulaires peuvent gêner les tâches les plus simples, mais certaines huiles essentielles (dont la lavande, le gingembre et l'oliban) sont très efficaces pour apaiser la douleur, réduire l'inflammation et vous aider à venir à bout de vos tâches quotidiennes.

1. Dans une casserole à basse température, faites fondre l'huile d'olive, l'huile de noix de coco et la cire d'abeille.
2. Une fois le mélange fondu, retirez du feu et ajoutez les huiles essentielles. Mélangez bien.
3. Versez dans un bocal de 12 cL et mettez au congélateur pendant environ 20 minutes pour que le mélange durcisse.
4. Appliquez en massant doucement.

Pour 12 cL

62 mL d'huile d'olive
2 cuillères à soupe d'huile de noix de coco non raffinée
2 cuillères à soupe de cire d'abeille
20 gouttes d'huile essentielle de lavande
20 gouttes d'huile essentielle de gingembre
15 gouttes d'huile essentielle d'oliban
15 gouttes d'huile essentielle d'eucalyptus

Astuce : l'arnica et le millepertuis sont bien connues pour leurs propriétés anti-inflammatoires et analgésiques. Pour plus d'efficacité, faites infuser 2 cuillères à soupe de fleurs d'arnica et 2 cuillères à soupe de fleurs de millepertuis dans l'huile d'olive à basse température pendant 2 heures. Filtrez et continuez de préparer la recette.

Huile de massage pour la circulation sanguine

APPLICATION LOCALISÉE

Sans danger au-delà de 6 ans – Ne pas utiliser en cas de grossesse ou d'allaitement

Les mains froides et les pieds froids peuvent faire souffrir, surtout si vous souffrez de névralgies. Ce mélange aide à réchauffer le corps en améliorant la circulation sanguine et il aide aussi à réduire les télangiectasies.

Pour environ 6 cL

62 mL d'huile végétale
15 gouttes d'huile essentielle de gingembre
10 gouttes d'huile essentielle de poivre noir
10 gouttes d'huile essentielle de feuille de cannelle
5 gouttes d'huile essentielle de clou de girofle

1. Dans un saladier en verre de taille moyenne, mélangez ensemble l'huile végétale et les huiles essentielles.
2. Versez le mélange dans un flacon pompe (ou le récipient de votre choix).
3. Massez les muscles douloureux avec l'huile, en évitant les endroits sensibles. Stockez-la dans un endroit frais à l'abri de la lumière.

Astuce : naturellement anti-inflammatoire et antispasmodique, le piment de Cayenne contient un composé appelé capsaïcine dont on croit qu'il épuise les neurotransmetteurs qui transmettent la douleur au cerveau. Quand on se sert de piment de Cayenne en application localisée, cela peut contribuer à soulager la douleur et à augmenter la circulation du sang à l'endroit où on l'applique. Pour ajouter les effets échauffants du piment de Cayenne à cette pommade, faites infuser 2 cuillères à soupe de poudre de piment de Cayenne dans l'huile végétale à basse température pendant 2 heures. Filtrez et continuez de suivre la recette.

CHAPITRE 8

Pour prendre soin de soi

Dentifrice blanchissant frais et mentholé

APPLICATION LOCALISÉE

Sans danger au-delà de 6 ans

Cela fait presque dix ans que je fais mon propre dentifrice, et mes dents n'ont jamais été plus heureuses, plus saines ou plus blanches. Il est très facile de fabriquer son propre dentifrice et de l'adapter à chacun des membres de votre famille. Cette recette a du charbon actif et de l'huile essentielle de citron pour stimuler la blancheur naturelle de vos dents.

1. Au moyen d'un mixeur à main, mélangez l'huile de noix de coco, la levure chimique, le xylitol et le charbon actif (si vous en utilisez) jusqu'à obtenir une pâte crémeuse.
2. Ajoutez les huiles essentielles et mélangez jusqu'à obtenir un mélange homogène.
3. Mettez une petite noisette de cette pâte sur votre brosse à dents et brossez-vous les dents comme d'habitude.

Pour environ 12 cL

- 125 mL (½ bol) d'huile de noix de coco non raffinée (partiellement solidifiée)
- 62 mL de levure chimique
- 125 mL (½ bol) de xylitol, finement broyé
- 1 cuillère à café de charbon actif (optionnel)
- 35 gouttes d'huile essentielle de citron
- 35 gouttes d'huile essentielle de menthe verte

Conseil de substitution : les jeunes enfants ont tendance à avaler un peu de leur dentifrice quand ils se brossent les dents, donc cette recette ne convient pas aux enfants de moins de 6 ans. Pour fabriquer un dentifrice plus adapté aux enfants, remplacez les huiles essentielles de cette recette par 40 gouttes d'extrait de parfum à la fraise.

Astuce : en fonction de la température, l'huile de noix de coco peut être plus ou moins liquide. Stockez votre dentifrice maison dans un flacon souple réutilisable, dans un endroit frais à l'abri de la lumière, pour garantir la meilleure consistance possible.

Bain de bouche mentholé sans alcool

APPLICATION LOCALISÉE

Sans danger au-delà de 6 ans – Ne pas utiliser en cas de grossesse ou d'allaitement

Le bain de bouche, un élément important de l'hygiène buccale, aide à éliminer les bactéries et les restes alimentaires que la brosse à dents ne peut pas atteindre. Un bain de bouche à base d'alcool tue les microbes, mais assèche aussi la bouche, ce qui permet à d'autres bactéries de se développer et de provoquer d'autres problèmes. Je préfère les remèdes sans alcool, comme celui-ci.

1. Mélangez l'eau, le peroxyde d'hydrogène et le miel dans un flacon en verre ambré de 50 cL et faites tourner le flacon doucement jusqu'à ce que le miel soit dissous.
2. Dans un petit saladier en verre, mélangez l'huile de noix de coco et les huiles essentielles.
3. Ajoutez le mélange d'huiles dans le flacon en verre ambré et fermez hermétiquement.
4. Secouez bien pour provoquer une émulsion et gargarisez-vous avec le bain de bouche pendant 2 minutes. N'avalez pas. Crachez après vous être gargarisé et rincez-vous la bouche avec de l'eau. Réfrigérez quand vous ne vous en servez pas.

Pour environ 27 cL

- 125 mL (½ bol) d'eau distillée
- 125 mL (½ bol) de peroxyde d'hydrogène (3 %)
- 1 cuillère à soupe de miel brut non filtré
- 1 cuillère à soupe d'huile de noix de coco fractionnée
- 20 gouttes d'huile essentielle de menthe poivrée
- 20 gouttes d'huile essentielle de menthe verte

Conseil de substitution : l'hydrosol de menthe poivrée, qui peut remplacer l'eau filtrée, est doux et efficace en bain de bouche et a une saveur légèrement mentholée ; il est sans danger pour les enfants. Pour un dentifrice adapté aux enfants et aux femmes enceintes, servez-vous d'hydrosol de menthe poivrée à la place de l'eau et omettez l'huile de noix de coco et les huiles essentielles de la recette.

Pâte déodorante au pamplemousse et à la lavande

APPLICATION LOCALISÉE

Sans danger au-delà de 2 ans

Il est plus facile que vous ne le pensez de fabriquer vous-même un déodorant naturel et efficace. Je fabrique le mien comme un beurre corporel fouetté ; doux et facile à appliquer. Vous pouvez ajouter 2 cuillères à soupe de cire d'abeille à cette recette et verser la pâte dans un tube à visser si vous préférez un stick déodorant.

Pour environ 24 cL

62 mL d'huile de noix de coco non raffinée
62 mL de beurre de karité
62 mL de poudre de marante
1 cuillère à soupe de levure chimique
3 cuillères à soupe de terre à diatomées
16 gouttes d'huile essentielle de pamplemousse
16 gouttes d'huile essentielle de lavande

1. Dans une casserole à basse température, faites fondre l'huile de noix de coco et le beurre de karité.
2. Pendant que l'huile de noix de coco et le beurre de karité fondent, mélangez les poudres dans un saladier de taille moyenne.
3. Une fois le mélange fondu, retirez du feu le mélange d'huile de noix de coco et de beurre de karité et versez le mélange de poudres dans le saladier.
4. Mélangez jusqu'à incorporer les poudres et les huiles, et laissez le saladier refroidir dans un bain de glace.
5. Une fois que le déodorant a refroidi et s'est durci environ à moitié, servez-vous d'un mixeur à main pour fouetter le déodorant jusqu'à obtenir la consistance d'une crème douce et légère.
6. Tout en fouettant le déodorant, ajoutez les huiles essentielles et intégrez-les au mélange.
7. Appliquez une petite noisette de déodorant sous les bras, en frottant avec les doigts.

Baume à lèvres à la menthe poivrée et à la lavande

APPLICATION LOCALISÉE

Sans danger au-delà de 6 ans

Un baume à lèvres est un produit de soin facile à faire et c'est un cadeau très apprécié pour les fêtes de fin d'année. Il faut très peu d'ingrédients pour produire plus d'une douzaine de baumes. L'effet rafraîchissant de la menthe poivrée et les propriétés thérapeutiques de la lavande aident à adoucir et à soigner les lèvres sèches et gercées.

Pour environ 9 cL

3 cuillères à soupe d'huile de noix de coco non raffinée
1 cuillère à soupe de beurre de karité
1 ½ cuillère à soupe de cire d'abeille
1 cuillère à soupe d'huile de ricin
20 gouttes d'huile essentielle de lavande
15 gouttes d'huile essentielle de menthe poivrée

1. Dans une casserole à basse température, faites fondre l'huile de noix de coco, le beurre de karité et la cire d'abeille.
2. Une fois le mélange fondu, retirez du feu et ajoutez l'huile de ricin et les huiles essentielles. Mélangez bien.
3. Versez le mélange fondu pour baume à lèvre dans des tubes vides pour baume à lèvres, des petits pots en métal d'1,5 cL ou des petites boîtes à bonbon en métal recyclées, et laissez-le refroidir et durcir.
4. Appliquez sur les lèvres comme hydratant guérisseur.

Conseil de substitution : pour un baume pour les lèvres adapté aux enfants, remplacez l'huile essentielle de menthe poivrée utilisée dans cette recette par de l'huile essentielle d'orange douce.

Astuce : versez le baume à lèvres dans la moitié vide d'un médaillon et portez-le autour de votre cou.

Exfoliant pour lèvres au miel et aux oranges épicées

APPLICATION LOCALISÉE

Sans danger au-delà de 2 ans

Les exfoliants sont des produits extraordinaires, car ils retirent la peau morte tout en hydratant les lèvres sèches et gercées. Cet exfoliant pour lèvres repose sur les propriétés hydratantes du sucre et du miel..

Pour environ 6 cL

62 mL de sucre

1 cuillère à soupe d'huile d'avocat

1 cuillère à soupe de miel brut non filtré

1 cuillère à café de poudre de cannelle

5 gouttes d'huile essentielle d'orange douce

1. Mettez tous les ingrédients dans un petit saladier et mélangez bien pour obtenir une substance homogène.
2. Frottez une petite quantité de ce mélange sur vos lèvres d'un mouvement circulaire pendant 1 à 2 minutes. Rincez vos lèvres avec un linge chaud et humide. Appliquez ensuite un baume à lèvres à base d'huile pour fixer l'hydratation.

Barres de beurre corporel au citron

APPLICATION LOCALISÉE

Sans danger au-delà de 2 ans

Le beurre corporel est le moyen le plus luxueux d'hydrater votre peau, surtout parce que les lotions à base d'eau s'évaporent bien plus vite. Ces barres de beurre corporel sont compactes et parfaites pour le voyage.

Pour environ 18 cL

62 mL d'huile de noix de coco non raffinée
2 cuillères à soupe de beurre de karité
62 mL de cire d'abeille
60 gouttes d'huile essentielle de citron (distillé à la vapeur)
30 gouttes d'huile essentielle de camomille romaine
30 gouttes d'huile essentielle de vanille

1. Dans une casserole à basse température, faites fondre l'huile de noix de coco, le beurre de karité et la cire d'abeille.
2. Une fois le mélange fondu, retirez du feu et ajoutez les huiles essentielles. Mélangez bien.
3. Versez le mélange dans des moules. Pour les faire refroidir rapidement, vous pouvez les mettre au congélateur pendant 20 minutes. Autrement, laissez-les sur le plan de travail pendant 4 à 6 heures, pour que le mélange durcisse.
4. Une fois le mélange refroidi et durci, démoulez-le et stockez-le dans un bocal en verre, dans un endroit frais à l'abri de la lumière.
5. Faites-fondre la barre dans la paume de votre main et frottez-en tout votre corps pour une hydratation efficace, avec un parfum délicieux.

Spray rafraîchissant après-soleil à la menthe poivrée

APPLICATION LOCALISÉE

Sans danger au-delà de 6 ans

L'été ! On passe du temps à l'extérieur, à s'amuser, à faire du sport et à rester au soleil ; mais on peut souffrir de coups de soleil, de déshydratation et d'épuisement à cause de la chaleur. L'huile essentielle de menthe poivrée peut vous aider quand vous avez passé trop de temps dehors et que vous avez besoin de faire baisser votre température corporelle ou d'apaiser une peau rougie par le soleil. Pour une version adaptée aux enfants et aux femmes enceintes, servez-vous d'huile essentielle de menthe verte au lieu de menthe poivrée.

1. Dans un vaporisateur de 24 cL, mélangez la gelée d'aloé vera, la glycérine végétale et le vinaigre de cidre avec les huiles essentielles. Agitez doucement pour bien mélanger.
2. Ajoutez assez d'eau distillée pour remplir le flacon.
3. Agitez bien et vaporisez sur les zones du corps brûlées pour les soulager. Couvrez-vous les yeux avant de vaporiser sur votre visage.

Pour environ 24 cL

62 mL de gelée d'aloé vera
½ cuillère à soupe de glycérine végétale
1 cuillère à soupe de vinaigre de cidre brut non filtré
10 gouttes d'huile essentielle de menthe poivrée
10 gouttes d'huile essentielle de lavande
De l'eau distillée, pour compléter

Conseil de substitution : l'hydrosol de menthe poivrée est naturellement anti-inflammatoire et rafraîchissant pour la peau. Il peut aider à nettoyer et à traiter une brûlure tout en apaisant la douleur. Dans cette recette, remplacez l'eau distillée par de l'hydrosol de menthe poivrée pour un spray après-soleil encore plus rafraîchissant.

Astuce : stockez ce spray au réfrigérateur pour qu'il soit super-frais.

Grains nettoyants pour le visage à la sauge et à la menthe poivrée

APPLICATION LOCALISÉE

Sans danger au-delà de 6 ans

Je ne me lave pas le visage au savon ; je le lave avec de la boue ! Le savon peut être dur, il peut assécher la peau et provoquer des éruptions cutanées. Les grains nettoyants sont un exfoliant du visage sans savon qui apaise naturellement la peau enflammée, réduit les ridules et soigne l'acné et les dermatites. Ce qu'il y a de mieux avec cette recette, c'est qu'elle peut aussi faire office de masque pour le visage..

Pour environ 15 cL

62 mL d'argile

2 cuillères à soupe de flocons d'avoine, finement broyés

1 cuillère à soupe de poudre de lait de noix de coco

2 cuillères à soupe de feuilles de menthe poivrée, finement broyées

2 cuillères à soupe de feuilles de sauge, finement broyées

8 gouttes d'huile essentielle de menthe poivrée

8 gouttes d'huile essentielle de sauge

1. Mélangez les poudres dans un saladier.
2. Ajoutez les huiles essentielles. Les mains gantées de caoutchouc ou de latex, ajoutez les huiles essentielles à la poudre et mélangez jusqu'à ce qu'il n'y ait plus de grumeaux.
3. Mettez les grains nettoyants dans un pot à épices avec un couvercle de shaker.
4. Pour vous en servir, mélangez jusqu'à une cuillère de grains nettoyants dans une petite quantité d'eau ou d'hydrosol dans la paume de votre main. Appliquez cette boue sur votre visage et frottez doucement du bout des doigts dans un mouvement circulaire. Rincez à l'eau tiède et appliquez ensuite une lotion tonique et un hydratant.

Lotion tonique hydratante pour visage

APPLICATION LOCALISÉE

Sans danger au-delà de 2 ans

C'est l'une des étapes les plus négligées du nettoyage du visage ; mais une lotion tonique peut retirer l'excès de sébum et les cellules de peau morte. Une lotion tonique restaure aussi le pH de votre visage et aide votre peau à mieux absorber votre hydratant. Cette recette de lotion tonique convient à tous les types de peau.

1. Dans un vaporisateur de 12 cL, mélangez l'hamamélis, le gel d'aloé vera et la glycérine végétale avec les huiles essentielles. Agitez doucement pour bien mélanger.
2. Ajoutez assez d'eau distillée pour remplir le flacon.
3. Secouez bien et vaporisez sur un visage fraîchement nettoyé, en évitant tout contact avec les yeux. Appliquez ensuite une huile hydratante pour le visage.

Pour 12 cL

62 mL d'hamamélis
1 cuillère à soupe de gel d'aloé vera
1 cuillère à café de glycérine végétale
5 gouttes d'huile essentielle de lavande
3 gouttes d'huile essentielle de pamplemousse
3 gouttes d'huile essentielle de coriandre
De l'eau distillée, pour compléter

Conseil de substitution : doux et thérapeutique, l'hydrosol de rose est excellent pour tous les types de peau et peut remplacer l'eau dans cette recette.

Huile hydratante pour le visage

APPLICATION LOCALISÉE

Convient à tous les âges

Que votre peau soit grasse ou sèche, vous avez besoin d'un hydratant pour maintenir l'équilibre de votre peau, pour qu'elle reste douce et souple. J'ai conçu ce mélange d'huiles porteuses pour tous les types de peau, et vous pouvez customiser les mélanges d'huiles essentielles en fonction de votre type de peau, comme indiqué ci-dessous.

Pour environ 3 cL

- ½ cuillère à café d'huile de chanvre
- ½ cuillère à café d'huile d'églantier
- ½ cuillère à café d'huile de pépins de raisin
- ½ cuillère à café d'huile de pépins de courge
- Des huiles essentielles pour votre type de peau

1. Mettez les huiles porteuses et les huiles essentielles dans un flacon pompe de 3 cL. Agitez doucement pour bien mélanger.
2. Après avoir nettoyé et tonifié votre visage, faites tomber 1 à 3 gouttes de ce sérum hydratant sur votre paume, frottez-vous les mains et massez doucement votre visage. J'applique 1 goutte d'huile le matin et 2 ou 3 gouttes d'huile le soir.

PEAU NORMALE

- 5 gouttes d'huile essentielle de lavande
- 2 gouttes d'huile essentielle de coriandre

PEAU GRASSE OU ACNÉIQUE

- 3 gouttes d'huile essentielle de géranium
- 3 gouttes d'huile essentielle de pamplemousse
- 1 goutte huile essentielle de rosalina

PEAU SÈCHE OU ABÎMÉE

- 2 gouttes d'huile essentielle de camomille romaine
- 2 gouttes d'huile essentielle de coriandre
- 3 gouttes d'huile essentielle d'orange douce

PEAU MATURE

- 3 gouttes d'huile essentielle d'oliban
- 2 gouttes d'huile essentielle de rose
- 1 goutte huile essentielle de camomille romaine

Masque détoxifiant pour le visage

APPLICATION LOCALISÉE

Sans danger au-delà de 2 ans

Ma soirée préférée entre filles, c'est quelque chose que j'appelle « Masque de boue et cocktail mimosa ». J'invite toutes mes amies (et les hommes qui souhaitent y participer) et je leur dis que je vais leur offrir un somptueux masque de boue s'ils fournissent les cocktails mimosa. Ce masque détoxifiant est toujours très apprécié.

Pour 125 mL (½ bol)

62 mL d'argile bentonite
1 cuillère à soupe de charbon actif
1 cuillère à soupe de boutons de lavande, finement broyés
1 cuillère à soupe de feuilles de pissenlit, finement broyées
1 cuillère à soupe de thé vert, finement broyé
15 gouttes d'huile essentielle de pamplemousse
10 gouttes d'huile essentielle de citron
De l'eau distillée

1. Mélangez les poudres dans un saladier.
2. Ajoutez les huiles essentielles. Les mains gantées de caoutchouc ou de latex, ajoutez les huiles essentielles à la poudre et mélangez jusqu'à ce qu'il n'y ait plus de grumeaux.
3. Pour vous en servir, mélangez 2 cuillères à soupe de ce mélange avec assez d'eau filtrée (ou d'hydrosol, d'infusion froide ou de gel d'aloé vera) pour produire une pâte.
4. Appliquez cette argile aux plantes à votre visage, en évitant les cheveux, les yeux, les lèvres et les narines. Laissez reposer 15 à 20 minutes, en vaporisant dessus une lotion tonique facial si votre visage vous gratte trop.
5. Rincez et appliquez ensuite une lotion tonique et hydratante pour visage. Rangez cette poudre dans un bocal.

Gel douche aux agrumes frais et hydratant

APPLICATION LOCALISÉE

Sans danger au-delà de 2 ans

Sous la douche, je préfère surtout me savonner avec un gel nettoyant pour le corps. On peut en faire très facilement et très rapidement, et l'adapter aisément aux ingrédients que l'on a sous la main. De plus, ce mélange sent bon, comme un lever de soleil dans votre salle de bains !

1. Dans un flacon de 50 cL avec un couvercle à rabattre, mettez le savon de Castille, la glycérine végétale, l'huile de chanvre et les huiles essentielles. Fermez hermétiquement et retournez doucement la bouteille plusieurs fois pour mélanger.
2. Pressez le flacon pour en faire sortir une noix de gel sur un gant de toilette, lavez-vous et rincez-vous.

Pour environ 50 cL

250 mL (1 bol) de savon de Castille liquide
125 mL (½ bol) de glycérine végétale
125 mL (½ bol) d'huile de chanvre
50 gouttes d'huile essentielle d'orange douce
50 gouttes d'huile essentielle de pamplemousse
20 gouttes d'huile essentielle de bergamote
20 gouttes d'huile essentielle de rosalina

Astuce : pour un gel nettoyant ultra-hydratant, remplacez les 2 cuillères à soupe d'huile de chanvre de cette recette par 2 cuillères à soupe d'huile d'argan.

Spray après-shampooing au vinaigre de cidre, à la lavande et à l'orange

APPLICATION LOCALISÉE

Convient à tous les âges

Comme les pores de la peau de votre visage, les cuticules de vos cheveux doivent se fermer après que vous les ayez lavés, pour leur donner une apparence saine et brillante. Le savon a souvent un pH élevé, qui ouvre les cuticules. Pour les refermer, il faut un après-shampooing et un pH entre 4,5 et 5,5, ce qui est plus proche de celui du sébum secrété par votre peau. Le vinaigre de cidre est un après-shampooing bien connu pour aider à diminuer la chute des cheveux, stimuler leur repousse et leur donner force et brillance.

Pour environ 50 cL

2 cuillères à soupe de vinaigre de cidre brut non filtré
2 cuillères à soupe de gelée d'aloé vera
10 gouttes d'huile essentielle de lavande
10 gouttes d'huile essentielle d'orange douce
De l'eau distillée, pour compléter

1. Mélangez tous les ingrédients dans un vaporisateur de 50 cL.
2. Complétez avec de l'eau.
3. Secouez bien et vaporisez sur les cheveux humides. Peignez doucement vos cheveux du bout des doigts et rincez à l'eau tiède.

Huile de soin pour la pousse des cheveux

APPLICATION LOCALISÉE

Sans danger au-delà de 6 ans

Beaucoup d'huiles essentielles peuvent améliorer le lustre, la brillance et la force de vos cheveux ; mais aucune n'est aussi extraordinaire que celle de romarin. Quand on s'en sert dans des produits de soin pour les cheveux, l'huile essentielle de romarin réduit la perte des cheveux et augmente leur repousse, aidant ainsi votre chevelure à atteindre une longueur magique.

1. Dans un petit saladier, mélangez les huiles porteuses et les huiles essentielles.
2. Appliquez l'huile sur les cheveux, en travaillant des pointes aux racines, et massez bien votre cuir chevelu pour favoriser la pousse des cheveux.
3. Laissez cette huile de soin sur vos cheveux pendant 1 à 2 heures avant de les laver avec un shampooing.
4. Shampooinez deux fois avant de mettre un après-shampooing. Répétez une fois par semaine pour stimuler la pousse des cheveux.

Pour 1 traitement

1 cuillère à café d'huile d'argan

1 cuillère à café d'huile d'avocat

2 gouttes d'huile essentielle de romarin

2 gouttes d'huile essentielle de cèdre de l'Atlas

Masque à l'argile détoxifiant pour les cheveux et le cuir chevelu

APPLICATION LOCALISÉE

Sans danger au-delà de 2 ans

Vous savez qu'il est temps de détoxifier vos cheveux quand ils semblent être alourdis par trop de produits et que votre cuir chevelu produit plus de sébum que d'ordinaire. Il vaut mieux détoxifier vos cheveux et votre cuir chevelu une fois par mois pour mieux réguler la production de sébum et accroître leur lustre.

1. Dans un saladier de taille moyenne, mélangez bien l'argile bentonite, l'huile de chanvre et les huiles essentielles.
2. Ajoutez l'eau une cuillère à soupe à la fois, jusqu'à ce que le mélange puisse être étalé, mais ne coule pas.
3. Appliquez ce mélange sur les cheveux, couvrez-les d'un bonnet de douche pour garder la chaleur et laissez reposer pendant 15 minutes à 1 heure.
4. Rincez bien à l'eau, puis avec une lotion de rinçage au vinaigre de cidre.

Pour 1 traitement

190 mL (¾ bol) d'argile bentonite
1 cuillère à soupe d'huile de chanvre
2 gouttes d'huile essentielle d'oliban
2 gouttes d'huile essentielle de marjolaine à coquilles
2 à 6 cuillères à soupe d'eau à température ambiante

Astuce : plus vous laisserez ce masque à l'argile agir longtemps, plus il asséchera vos cheveux ; il est donc utile de les vaporiser de temps en temps d'eau filtrée ou d'hydrosol. Essayez de ne pas laisser le masque sécher complètement.

Spray océanique pour cheveux à la lavande et à la vanille

APPLICATION LOCALISÉE

Convient à tous les âges

Si vous voulez des cheveux iodés quand vous êtes bien loin de la mer, essayez de fabriquer votre propre spray salé pour cheveux. Celui-ci associe les arômes floraux apaisants de la lavande avec la senteur forte et entêtante de la vanille pour créer un parfum et un look irrésistibles.

Pour environ 24 cL

- 125 mL (½ bol) d'eau distillée, chaude
- 2 cuillères à soupe de sel d'Epsom
- 1 ½ cuillère à café de sel de mer
- ½ cuillère à café d'après-shampooing
- 1 cuillère à café de glycérine végétale
- 1 cuillère à soupe de gelée d'aloé vera
- 20 gouttes d'huile essentielle de lavande
- 5 gouttes d'huile essentielle de vanille
- De l'eau distillée, pour compléter

1. Mélangez l'eau chaude, le sel d'Epsom, le sel de mer, l'après-shampooing et la glycérine végétale dans un bol en verre. Remuez jusqu'à dissolution complète du sel et des autres ingrédients dans l'eau.
2. Dans un petit saladier, mélangez la gelée d'aloé vera et les huiles essentielles.
3. Au moyen d'un entonnoir, mettez les deux mélanges dans un vaporisateur de 24 cL et complétez avec de l'eau.
4. Secouez bien et vaporisez sur vos cheveux secs ou humides. Chiffonner doucement vos cheveux de vos doigts, en travaillant des pointes aux racines, et laissez sécher à l'air ou séchez avec un sèche-cheveux.

Pommade facile pour cheveux

APPLICATION LOCALISÉE

Sans danger au-delà de 2 ans

Cette simple pommade aide à maintenir les cheveux en place avec une tenue moyenne, mais qui peut être rendue plus forte en ajoutant 2 cuillères à soupe de cire d'abeille de plus. Ses ingrédients traitants et stimulants aident à améliorer la qualité, la douceur et la brillance des cheveux.

1. Dans une casserole à basse température, faites fondre le beurre de karité et la cire d'abeille.
2. Une fois le mélange fondu, retirez du feu et ajoutez la poudre de marante, l'huile de chanvre et les huiles essentielles. Mélangez bien.
3. Versez dans un bocal de 25 cL et mettez au congélateur pendant environ 20 minutes pour que le mélange durcisse.
4. Prélevez-en une petite noisette et laissez-la fondre entre vos paumes avant de l'appliquer à vos cheveux. Coiffez-les comme d'habitude.

Pour environ 21 cL

65 mL de beurre de karité
62 mL de cire d'abeille
1 cuillère à soupe poudre de marante
62 mL d'huile de chanvre
15 gouttes d'huile essentielle de cèdre de l'Atlas
13 gouttes d'huile essentielle de rosalina
5 gouttes d'huile essentielle de sapin

Crème de rasage apaisante

APPLICATION LOCALISÉE

Convient à tous les âges

Fabriquer vos propres produits de beauté peut vous paraître un défi insurmontable, mais beaucoup de vos produits contiennent des ingrédients très ordinaires. Cette recette est fabriquée comme un beurre corporel fouetté, mais elle contient aussi du savon de Castille liquide et de la glycérine végétale. Cette crème est parfaite pour les jambes, mais je vous suggère d'omettre le savon de Castille si vous avez aussi l'intention de vous en servir sur votre visage, parce qu'il peut assécher les peaux sensibles.

Pour environ 18 cL battus

62 mL d'huile de noix de coco non raffinée
62 mL de beurre de karité
2 cuillères à soupe de savon de Castille liquide
2 cuillères à soupe de glycérine végétale
2 cuillères à soupe d'huile de chanvre
1 cuillère à soupe d'argile
20 gouttes d'huile essentielle de lavande
10 gouttes d'huile essentielle de camomille romaine

1. Dans une casserole à basse température, faites fondre l'huile de noix de coco et le beurre de karité.
2. Dans un saladier de taille moyenne, mélangez le savon de Castille liquide et la glycérine végétale.
3. Ajoutez l'huile de chanvre et l'argile au mélange de savons et mélangez bien.
4. Lorsque l'huile de noix de coco et le beurre de karité ont fondu, retirez du feu et versez dans le saladier avec les autres ingrédients. Mélangez bien.
5. Laissez le mélange refroidir pendant 2 heures.
6. Lorsqu'il est presque durci, battez au mixeur à main jusqu'à obtenir une crème de rasage légère.
7. Ajoutez les huiles essentielles et continuez de battre pendant quelques secondes pour les incorporer au mélange.
8. Mettez un peu de crème de rasage dans la paume de votre main et frottez-en sur votre peau. Après le rasage, appliquez l'huile après-rasage contre le feu du rasoir (voir page 202) pour garder votre peau douce, souple, et éviter le feu du rasoir. Mettez cette crème dans un flacon pompe pression réutilisable et stockez-la dans un endroit frais à l'abri de la lumière pour éviter qu'elle ne fonde.

Astuce : les huiles et les beurres peuvent encrasser les rasoirs. Gardez avec vous sous la douche un bol d'eau chaude pour rincer facilement votre rasoir quand vous vous en servez.

Huile après-rasage contre le feu du rasoir

APPLICATION LOCALISÉE

Sans danger au-delà de 2 ans

Le secret pour éviter le feu du rasoir, les abrasions et les rougeurs est triple : exfolier, raser, hydrater. Cette huile après-rasage constitue un soin hydratant apaisant pour combattre toute irritation.

Pour 6 cL

2 cuillères à soupe d'huile de chanvre
1 cuillère à soupe d'huile de pépins de courge
1 cuillère à soupe d'huile d'argan
20 gouttes d'huile essentielle d'orange douce
15 gouttes d'huile essentielle de rosalina
10 gouttes d'huile essentielle de camomille romaine

1. Dans un saladier en verre de taille moyenne, mélangez ensemble l'huile végétale et les huiles essentielles.
2. Versez le mélange dans un flacon pompe (ou le récipient de votre choix).
3. Massez votre peau fraîchement rasée de cette huile, en vous servant d'environ 1 ou 2 gouttes pour le visage, 2 ou 3 gouttes pour la zone du maillot, et 5 ou 6 gouttes par jambe. Stockez-la dans un endroit frais à l'abri de la lumière.

Exfoliant sucré de gâteau d'anniversaire

APPLICATION LOCALISÉE

Sans danger au-delà de 2 ans

L'exfoliation est la clé d'une peau douce et souple. Les exfoliants au sucre sont ce que je préfère pour ôter les cellules mortes tout en réhydratant la peau. Chaque année, à mon anniversaire, je me fais plaisir avec cet exfoliant sucré de gâteau d'anniversaire. Il adoucit les rugosités de la peau et la laisse délicieusement parfumée.

Pour environ 24 cL

250 mL (1 bol) de sucre
62 mL d'huile de noix de coco non raffinée, fondue
Des vermicelles en sucre (avec colorants naturels)
20 gouttes d'huile essentielle de vanille

1. Mettez tous les ingrédients dans un saladier de taille moyenne et mélangez bien.
2. Appliquez l'exfoliant sur la peau, massez et rincez à l'eau chaude. (Attention, la baignoire peut être glissante !) Stockez dans un bocal.

Conseil de substitution : si vous n'avez plus de sucre, vous pouvez aussi fabriquer cet exfoliant avec du sel.

CHAPITRE 9

Pour la maison

Produit de nettoyage pour le verre à l'orange

NETTOYAGE

Convient à tous les âges

Nettoyer fenêtres et miroirs peut changer du tout au tout l'apparence de votre maison. Ce produit de nettoyage pour le verre à l'orange est facile à faire, et va nettoyer les surfaces vitrées sans laisser de traces.

1. Mélangez les ingrédients dans un vaporisateur de 90 cL et agitez pour mélanger.
2. Vaporisez sur une surface vitrée et essuyez avec du papier journal recyclé, un chiffon en microfibre ou des serviettes en papier.

Pour environ 90 cL

¾ d'1 L d'eau
65 mL d'alcool isopropylique
65 mL de vinaigre blanc distillé
½ cuillère à café d'huile essentielle d'orange douce

Spray dépoussiérant au citron

NETTOYAGE

Convient à tous les âges

L'huile essentielle de citron détache les matières grasses, désinfecte et répand dans votre maison une odeur de citrons fraîchement pressés. Ce spray dépoussiérant au citron va nettoyer et hydrater vos surfaces en bois.

1. Dans un vaporisateur de 50 cL, mettez l'huile d'olive, l'huile essentielle et le vinaigre. Agitez doucement pour bien mélanger.
2. Ajoutez assez d'eau distillée pour remplir le flacon.
3. Agitez bien et vaporisez sur une surface en bois. Essuyez avec un chiffon microfibre.

Pour environ 50 cL

2 cuillères à café d'huile d'olive

62 mL de vinaigre blanc distillé

20 gouttes d'huile essentielle de citron

De l'eau distillée, pour compléter

Nettoyant tous usages

NETTOYAGE

Convient à tous les âges

La magie de ce nettoyant tous usages repose sur le pH élevé du savon de Castille, du borax et des cristaux de soude. (Évitez les recettes pour produits de nettoyage qui associent savon de Castille et vinaigre parce que l'acidité du vinaigre va annuler l'action du savon.) Les huiles essentielles de lavande et de bergamote sont naturellement antiseptiques et sont efficaces pour dégraisser, retirer les taches et désinfecter les surfaces.

1. Mettez l'eau chaude, les cristaux de soude, le borax et le savon de Castille dans un saladier, et mélangez jusqu'à dissolution.
2. Versez le mélange dans un vaporisateur de 50 cL, en laissant assez de place pour ajouter les huiles essentielles. Ajoutez les huiles, fermez bien le flacon et secouez doucement pour mélanger.

Pour environ 50 cL

50 cL d'eau chaude
½ cuillère à café de cristaux de soude
1 cuillère à café de borax
1 cuillère à café de savon de Castille liquide
20 gouttes d'huile essentielle de bergamote
10 gouttes d'huile essentielle de lavande

Astuce : servez-vous de ce nettoyant tous usages pour tout dans la maison, de la salle de bains à la cuisine, des moquettes aux parquets ; et même pour votre voiture.

Solution pour les sols au pin et au citron

NETTOYAGE

Convient à tous les âges

Le peroxyde d'hydrogène est l'un de mes ingrédients naturels pour produits de nettoyage préférés. Il peut blanchir le blanc, désodoriser les poubelles et désinfecter les surfaces dans la maison. Cette solution de nettoyage va nettoyer les sols les plus sales et laisser dans votre maison une odeur classique de pin et de citron.

Pour 1 traitement

1 seau de 4 L
2 cuillères à soupe de peroxyde d'hydrogène
20 gouttes d'huile essentielle de citron
20 gouttes d'huile essentielle de pin
4 L d'eau chaude

1. Dans un seau de 4 L, mélangez ensemble le peroxyde d'hydrogène et les huiles essentielles.
2. Remplissez le seau d'eau chaude et mélangez pour dissoudre la poudre.
3. Lavez les sols.

Récurant doux aux agrumes et au tea-tree

NETTOYAGE

Convient à tous les âges

Cela fait près de dix ans que je me sers de cette recette de récurant doux, et il ne m'a jamais fait défaut. Il est hautement antibactérien et antifongique, ce qui en fait un produit idéal pour la salle de bains, pour nettoyer et blanchir le mastic, la baignoire, les toilettes et le lavabo. Ce récurant doux est aussi efficace pour se débarrasser des moisissures, des champignons, et des bactéries qui peuvent proliférer dans les endroits humides.

1. Dans un grand saladier, mettez la levure chimique, le savon de Castille, l'eau et les huiles essentielles, et mélangez bien.
2. Prélevez ce qu'il vous faut et frottez les surfaces avec le côté grattoir d'une éponge. Stockez dans un bocal.

Pour environ ¾ de litre

750 mL (3 bols) de levure chimique
125 mL (½ bol) de savon de Castille liquide
125 mL (½ bol) d'eau
25 gouttes d'huile essentielle de citron
40 gouttes d'huile essentielle de tea-tree
½ cuillère à café d'huile essentielle d'orange douce

Astuce : pour blanchir vos surfaces et leur donner de l'éclat, étalez ce récurant doux sur les taches de moisissures et sur le mastic. Laissez reposer pendant 20 minutes, puis rincez.

Spray insecticide à l'orange et au cèdre pour la maison et le jardin

NETTOYAGE

Convient à tous les âges

L'été, on s'amuse dehors et on jardine ; mais il y a des insectes ! Vous pouvez vous servir de ce spray à la fois en intérieur et en extérieur, et sur les plantes de jardin. Il va tuer tous les insectes, y compris les « bons » comme les abeilles et les papillons ; donc, faites attention à ne pas vous en servir n'importe où. Je m'en suis servi pour tuer des fourmis, des cafards, des guêpes, des aphides, des chenilles, des mouches, des taons et des moustiques.

Pour 90 cL

62 mL de savon de Castille liquide

1 cuillère à café d'huile essentielle d'orange douce

1 cuillère à café d'huile essentielle de cèdre

De l'eau distillée, pour compléter

1. Mettez les ingrédients dans un vaporisateur de 90 cL et agitez pour mélanger.
2. Vaporisez directement sur les insectes indésirables ou faites une grande quantité de ce mélange que vous mettrez dans de l'eau bouillante pour le verser sur des colonies de fourmis.

Désodorisant rafraîchissant pour lit et pour tapis

NETTOYAGE

Convient à tous les âges

Il est extrêmement facile et rentable de fabriquer votre propre déodorant pour tapis à la levure chimique. Il ne faut que trois ingrédients, et vous pouvez aussi vous en servir pour rafraîchir les matelas.

Pour 250 mL (1 bol)

De la levure chimique, pour compléter
15 gouttes d'huile essentielle de pamplemousse
15 gouttes d'huile essentielle de lavande

1. Mettez la levure chimique et les huiles essentielles dans un pot à épices recyclé, fermez bien et agitez pour incorporer les parfums à la levure chimique.
2. Saupoudrez les tapis et les matelas, et laissez reposer 30 minutes avant de passer l'aspirateur pour enlever la poudre.

Conseil de substitution : pour donner à votre matelas un parfum apaisant à l'heure du coucher, remplacez l'huile essentielle de pamplemousse de cette recette par de l'huile essentielle de camomille romaine.

Détachant pour tapis et tissus d'ameublement

NETTOYAGE

Convient à tous les âges

Avec cinq animaux domestiques et un enfant, je suis passée maître dans l'art de nettoyer les taches sur les meubles et les moquettes. Ce mélange se sert des pouvoirs désodorisants du peroxyde d'hydrogène, du citron et du rosalina pour enlever efficacement les taches des moquettes, éradiquer les odeurs des animaux et rafraîchir les tissus.

Pour 1 traitement

- 50 cL d'eau chaude
- 2 cuillères à café de peroxyde d'hydrogène
- 10 gouttes d'huile essentielle de citron
- 10 gouttes d'huile essentielle de rosalina

1. Mettez dans un saladier l'eau chaude et le peroxyde d'hydrogène, et mélangez jusqu'à dissolution.
2. Mettez ce mélange dans un vaporisateur de 50 cL et ajoutez les huiles essentielles.
3. Bien agiter avant usage. En vous servant de la fonction « continu » de votre vaporisateur, vaporisez la moquette, les tissus d'ameublement et les vêtements jusqu'à saturation complète de la tache. Laissez reposer pendant 10 minutes avant de frotter pour nettoyer. Vous pouvez aussi vous en servir dans un nettoyeur vapeur pour moquette.

Liquide vaisselle au romarin et à la bergamote

NETTOYAGE

Sans danger au-delà de 6 ans

J'ai essayé beaucoup de recettes de liquide vaisselle maison, et aucune ne m'a beaucoup impressionnée. Soit ils étaient trop liquides, soit ils associaient vinaigre et savon de Castille (ne jamais faire ça !), ou encore, ils n'étaient pas assez dégraissants. Mais celui-ci est génial ! Il mousse juste assez, détache les graisses et lave la vaisselle sans laisser aucun résidu. Le sel est important dans cette recette pour épaissir le produit, afin qu'il ne soit pas trop liquide.

1. Mettez dans un bol en verre l'eau tiède et le sel, et mélangez jusqu'à dissolution.
2. Dans un saladier de taille moyenne, mettez les Sal Suds, le vinaigre et l'acide citrique.
3. Ajoutez lentement l'eau salée dans le mélange de Sal Suds jusqu'à ce qu'il épaississe.
4. Ajoutez les huiles essentielles, mélangez et versez dans un flacon de liquide vaisselle recyclé.

Pour environ 35 cL

- 125 mL (½ bol) d'eau distillée, tiède
- 2 cuillère à cafés de sel
- 125 mL (½ bol) de savons magiques du Dr Bronner (« Dr. Bronner's Sal Suds »)
- 125 mL (½ bol) de vinaigre blanc distillé
- 1 cuillère à café d'acide citrique ou de jus de citron
- 10 gouttes d'huile essentielle de romarin
- 10 gouttes d'huile essentielle de bergamote

Conseil de substitution : pour un pouvoir extra-désinfectant, remplacez les huiles essentielles de cette recette par 20 gouttes de mélange antimicrobien pour diffuseur (voir page 117).

Poudre pour lave-vaisselle à la lavande et au citron

NETTOYAGE

Convient à tous les âges

J'ai fabriqué des savons liquides et des tablettes pour lave-vaisselle, mais rien n'est aussi facile à faire, ni ne fonctionne aussi bien, que cette poudre. Sa combinaison d'ingrédients naturels décolle les aliments et la graisse et, ce qui est tout aussi important, la vaisselle ressort parfaitement propre.

Pour environ 1,25 L

50 cL de cristaux de soude

50 cL de peroxyde d'hydrogène

250 mL (1 bol) de borax

20 gouttes d'huile essentielle de lavande

20 gouttes d'huile essentielle de citron

1. À la cuillère, mélangez les ingrédients en poudre.
2. Ajoutez les huiles essentielles et mélangez jusqu'à disparition des grumeaux.
3. Utilisez 1 à 2 cuillères à soupe de poudre par cycle du lave-vaisselle.

Spray « fraîcheur printanière » pour pièce et tissus

NETTOYAGE, DIFFUSION AROMATIQUE

Convient à tous les âges

Ce spray apporte à votre maison une fraîcheur printanière. Vous pouvez aussi vous en servir sur des vêtements, les mettre au sèche-linge pendant 10 minutes pour les rafraîchir et les défroisser avant de les porter.

Pour 12 cL

62 mL d'hamamélis
60 gouttes d'huile essentielle de pamplemousse
60 gouttes d'huile essentielle de bergamote
30 gouttes d'huile essentielle de coriandre
30 gouttes d'huile essentielle de rosalina
De l'eau distillée, pour compléter

1. Mettez dans un vaporisateur de 12 cL l'hamamélis et les huiles essentielles. Agitez doucement pour bien mélanger.
2. Ajoutez assez d'eau distillée pour remplir le flacon.
3. Agitez bien et vaporisez dans l'air et sur les meubles et la literie (oreillers, couvertures, draps, matelas et rideaux de la chambre). Stockez dans un endroit frais à l'abri de la lumière.

Spray pot-pourri agru-caly-cieux

NETTOYAGE, DIFFUSION AROMATIQUE

Sans danger au-delà de 6 ans

La magie de ce spray, c'est qu'il crée une couche d'huile essentielle au-dessus de l'eau des toilettes avant qu'on s'en serve. Cette barrière protectrice piège les odeurs sous la surface, donc fini les odeurs gênantes !

1. Mettez les huiles essentielles dans un vaporisateur de 12 cL. Agitez doucement pour bien mélanger.
2. Ajoutez assez d'hamamélis pour remplir le flacon et fermez bien.
3. Avant de vous servir des toilettes, secouez bien et vaporisez dans la cuvette huit à dix fois. Les huiles essentielles vont se disperser sur l'eau, créant une barrière protectrice anti-odeur. Stockez dans un endroit frais à l'abri de la lumière.

Pour 12 cL

25 gouttes d'huile essentielle d'eucalyptus
25 gouttes d'huile essentielle de citron
25 gouttes d'huile essentielle de bergamote
25 gouttes d'huile essentielle de pamplemousse
De l'hamamélis, pour compléter

Astuce : gardez-en un flacon dans votre sac à main ou votre sac à dos, et servez-vous-en dans les toilettes publiques et au bureau.

Désodorisant fraîcheur agrume pour broyeur à ordures

NETTOYAGE

Convient à tous les âges

Les écorces d'agrumes contiennent des huiles essentielles et elles sont donc souvent pressées à froid plutôt que distillées à la vapeur. Vous pouvez vous servir de ces écorces comme d'un moyen simple et efficace de nettoyer et de désodoriser le broyeur à ordures de votre évier de cuisine.

Faites couler l'eau du robinet, mettez en marche le broyeur à ordures et jetez-y quelques morceaux d'écorces d'agrumes.

Pour 1 traitement

Des pelures de citron, déchirées en morceaux de 2,5 cm

Conseil de substitution : toutes les écorces d'agrumes contiennent les huiles essentielles de leur fruit. Dans cette recette, vous pouvez remplacer le citron par n'importe quel agrume.

Pastilles désodorisantes pour la poubelle

NETTOYAGE

Convient à tous les âges

La levure chimique est un nettoyant naturel très apprécié quand il s'agit de désodoriser la maison. Associées aux senteurs rafraîchissantes du lemongrass et de la lavande, ces pastilles vous garantissent que votre poubelle n'aura plus jamais la même odeur.

Pour 6 à 8 pastilles

250 mL (1 bol) de levure chimique
10 gouttes d'huile essentielle de lemongrass
20 gouttes d'huile essentielle de lavande
4 cuillères à soupe d'eau
Moules en silicone ou moules à mini-muffins de 60 mL

1. Après avoir mis des gants en caoutchouc ou en latex, mettez la levure chimique et les huiles essentielles dans un saladier de taille moyenne et mélangez en cassant tous les grumeaux avec les doigts.
2. Ajoutez de l'eau au mélange, une cuillère à soupe à la fois, et continuez de mélanger de vos mains gantées, jusqu'à obtenir un bloc compact (comme une boule de neige) qui ne s'effrite pas.
3. Tassez bien le mélange dans des moules en silicone ou des moules pour mini-muffins, et laissez reposer toute la nuit pour qu'il sèche et durcisse.
4. Laissez une pastille au fond de la poubelle avant d'y mettre un nouveau sac. Remplacez la pastille une fois par semaine.

Nettoyant pour tissus d'ameublement

NETTOYAGE

Convient à tous les âges

À l'époque où mon fils était encore un bébé, j'ai acheté des chaises de salle à manger en tissu de couleur crème. Après notre premier repas, des spaghettis, j'ai immédiatement compris que j'avais fait une erreur. C'est alors que j'ai inventé cette recette de nettoyant naturel pour tissus d'ameublement. Il a fait des miracles et a rendu leur splendeur à mes chaises tachées de sauce.

Pour environ 50 cL

50 cL d'eau distillée
2 cuillères à soupe de savon de Castille liquide
2 cuillères à soupe de cristaux de soude
25 gouttes d'huile essentielle de marjolaine à coquilles
25 gouttes d'huile essentielle de citron

1. Mettez dans un saladier l'eau, le savon de Castille et les cristaux de soude, et mélangez jusqu'à dissolution complète.
2. Ajoutez le mélange de savon et les huiles essentielles à un vaporisateur de 50 cL. Fermez le couvercle et agitez pour faire une émulsion.
3. Vaporisez sur des taches sur du tissu d'ameublement et laissez reposer pendant 30 minutes avant de frotter pour nettoyer avec un chiffon sec ou une éponge.

Bougies à la citronnelle et au cèdre

DIFFUSION AROMATIQUE

Convient à tous les âges

Les bougies à la citronnelle éloignent les moustiques quand vous profitez d'une soirée d'été dans votre jardin. Ces bougies maison sont très faciles à faire et très rentables. Versez le mélange de cire dans des boîtes de conserve en métal plutôt que dans des bocaux en verre pour faire des bougies insectifuges idéales pour l'extérieur. Emportez-les en camping, en pique-nique ou à la plage.

1. Dans une casserole à basse température, faites fondre la cire de soja et la cire d'abeille.
2. Une fois le mélange fondu, retirez du feu et ajoutez les huiles essentielles.
3. Mettez la mèche pour bougie dans le récipient de votre choix.
4. Versez le mélange dans les verres à bougies et laissez refroidir et durcir.

Pour environ 50 cL

250 mL (1 bol) de flocons de cire de soja
250 mL (1 bol) de cire d'abeille
100 gouttes d'huile essentielle de citronnelle
80 gouttes d'huile essentielle de cèdre
Des mèches pour bougie
Des verres à bougie recyclés, ou boîtes en métal

Astuce : mettez un couteau à beurre à plat en travers du sommet du verre à bougie, pour tenir la mèche en place pendant que la cire refroidit.

Lessive en poudre pour un linge propre

NETTOYAGE

Convient à tous les âges

Il y a bien des façons de fabriquer votre propre lessive en poudre, mais cette recette est conçue pour les gens très occupés qui n'ont pas le temps de faire fondre des ingrédients à chaque fois qu'ils ont besoin de poudre. Cette lessive en poudre est aussi adaptée aux lave-linges à grande efficacité et peut servir à laver des couches en tissu.

1. Dans un grand saladier, mélangez au fouet les ingrédients en poudre.
2. Ajoutez les huiles essentielles et continuez de mélanger jusqu'à disparition des grumeaux.
3. Utilisez environ 60 mL de lessive en poudre par battée. Stockez dans un récipient hermétique dans votre buanderie.

Pour 2 L

250 mL (1 bol) de copeaux de savon
250 mL (1 bol) de peroxyde d'hydrogène
750 mL (3 bols) de cristaux de soude
250 mL (1 bol) de borax
500 mL (2 bols) de levure chimique
40 gouttes d'huile essentielle de pamplemousse
40 gouttes d'huile essentielle de rosalina

Astuce : pour des vêtements extra-doux, ajoutez 250 mL (1 bol) de sel à glace à cette recette. Le vinaigre blanc distillé, qui peut aussi être ajouté comme adoucissant, disparaît au rinçage et ne donnera pas à vos vêtements une odeur de vinaigre.

Alternative maison à l'eau de Javel

NETTOYAGE

Convient à tous les âges

Quand j'ai décidé de me débarrasser des produits de nettoyage toxiques qu'il y avait chez moi, la première chose qui a disparu, c'est l'eau de Javel, parce qu'elle peut provoquer toutes sortes de problèmes de santé en cas d'usage répété. Cette alternative maison à l'eau de Javel en a tous les avantages, sans les vapeurs toxiques.

Pour environ 2 L

- 180 mL de peroxyde d'hydrogène (3 %)
- 62 mL de jus de citron
- 1 cuillère à soupe d'acide citrique
- 20 gouttes d'huile essentielle de citron
- De l'eau distillée, pour compléter

1. Mettez le peroxyde, le jus de citron, l'acide citrique et l'huile essentielle dans une cruche en verre ambré de 2 L.
2. Complétez avec de l'eau. Fermez bien et agitez doucement la cruche pour mélanger.
3. Secouez la bouteille avant de vous en servir et utilisez le liquide comme de l'eau de Javel : dans votre lessive pour blanchir les blancs, dans votre salle de bains et dans votre cuisine pour désinfecter, et dans votre lave-vaisselle comme adjuvant au rinçage. Stockez-la dans un endroit frais à l'abri de la lumière.

Feuilles de séchage « rêve de lavande »

DIFFUSION AROMATIQUE

Convient à tous les âges

Les huiles essentielles peuvent donner à votre linge une odeur fraîche, comme s'ils sortaient du sèche-linge. Ces « feuilles de séchage » sont non seulement économiques, mais aussi bonnes pour l'environnement.

Mettez les gouttes d'huile essentielle sur le linge humide et mettez-les avec le linge dans le sèche-linge pendant les 10 dernières minutes du cycle de séchage.

Pour 1 traitement

1 linge humide propre
3 gouttes d'huile essentielle de lavande
3 gouttes d'huile essentielle de vanille

Cire pour les meubles au citron

NETTOYAGE

Convient à tous les âges

C'est peut-être parce que j'ai des ancêtres grecs, mais je me suis toujours servi d'huile d'olive de tas de façons différentes dans toute ma maison. Cette cire pour les meubles au citron va nettoyer et traiter vos meubles en bois, et laisser derrière elle une belle odeur de frais.

Pour 12 cL

2 cuillères à soupe d'huile de noix de coco non raffinée
12 gouttes d'huile d'olive
9 gouttes d'huile essentielle de citron

1. À la fourchette, battez l'huile de noix de coco et l'huile d'olive.
2. Incorporez l'huile essentielle.
3. Servez-vous d'une petite quantité de ce mélange sur un chiffon microfibre pour cirer vos meubles en bois, en frottant en cercle jusqu'à ce qu'ils brillent.

Conseil de substitution : l'huile de jojoba n'est pas une huile. En fait, c'est une cire liquide qui donne de bons résultats sur les meubles en bois et qui peut remplacer l'huile d'olive dans cette recette.

Glossaire

ANALGÉSIQUE : soulage la douleur.

ANTIBACTÉRIEN : lutte contre les bactéries.

ANTIDÉPRESSEUR : lutte contre la dépression et remonte le moral.

ANTIFONGIQUE : empêche la prolifération des champignons.

ANTI-INFLAMMATOIRE : diminue l'inflammation et les gonflements.

ANTISEPTIQUE : empêche la prolifération des bactéries et des virus.

ANTISPASMODIQUE : soulage les spasmes musculaires.

ANTITUSSIF : prévient et soulage la toux.

ASTRINGENT : resserre ou retend la peau.

CARMINATIF : aide à soulager les flatulences, les douleurs stomacales et les problèmes digestifs.

CICATRISANT : guérit les cicatrices.

DÉPURATIf : détoxifie.

DIAPHORÉTIQUE : provoque la transpiration.

DIURÉTIQUE : favorise l'excrétion de l'eau par le corps.

EMMÉNAGOGUE : stimule le flux menstruel.

EXPECTORANT : aide à débarrasser les poumons des mucosités et du mucus.

FÉBRIFUGE : fait tomber la fièvre.

NERVIN : calme les nerfs.

SÉDATIF : favorise le calme et le sommeil.

VULNÉRAIRE : guérit les blessures.

Kit de voyage

Voyager est pénible pour tout le monde, mais un kit de voyage d'huiles essentielles composé avec soin peut faire toute la différence entre un bon et un mauvais voyage. Un grand nombre des recettes de ce livre sont transportables si on les met dans des récipients format voyage (assurez-vous de vérifier les normes aériennes pour bagages à main), dont les roll-ons, les inhalateurs personnels et les pommades thérapeutiques. J'ajoute toujours quelques-unes de mes huiles essentielles préférées dans des flacons d'1,5 mL dans mon kit de voyage. Leurs emplois sont si nombreux que je ne peux jamais savoir quand je pourrais en avoir besoin !

Huile essentielle de lavande : la lavande est polyvalente et très utile en voyage. En inhaler peut calmer les nerfs à vif, apaiser l'anxiété et aider à détendre votre esprit et votre corps pour le sommeil. Elle est naturellement antiseptique, et quelques gouttes de lavande peuvent nettoyer et soigner les blessures quand on les dilue dans de la gelée d'aloé vera ou de l'huile de noix de coco fractionnée. Diluez-en 6 à 8 gouttes et mettez l'huile dans votre bain à l'hôtel pour mieux dormir la nuit. Mettez-en quelques gouttes sur vos chaises de camping pour chasser les moustiques.

Huile essentielle de menthe poivrée : le mal des transports, les maux de tête et les étourdissements peuvent tous être soignés par une bouffée de menthe poivrée. Diluez-en 2 gouttes et appliquez sur des morsures d'insectes pour soulager les démangeaisons. Mettez-en une goutte sur un mouchoir placé dans le conduit de climatisation de votre voiture pour diffuser l'huile dans l'habitacle. Diluez 5 gouttes d'huile essentielle de menthe poivrée, 5 gouttes d'huile essentielle de lavande et 5 gouttes d'huile essentielle de rosalina pour 3 cL (2 cuillères à soupe) d'huile de noix de coco pour un baume pectoral de voyage.

Huile essentielle de rosalina : appelé « lavande tea-tree », le rosalina peut remplacer les huiles essentielles de lavande, de tea-tree et d'eucalyptus. Il peut détruire les microbes dans un mélange antibactérien si vous ajoutez 9 gouttes de rosalina pour 3 cL (2 cuillères à soupe) de gelée d'aloé vera. Naturellement antiseptique et anti-inflammatoire, le rosalina peut aussi nettoyer et soigner les blessures, traiter les boutons d'acné et apaiser les muscles raides s'il est dilué. Pour rafraîchir l'air confiné d'une voiture, ajoutez une goutte sur un mouchoir et placez-le dans le conduit de climatisation.

De l'huile de noix de coco fractionnée : j'emporte toujours un flacon de 10 cL pour diluer des huiles essentielles pour application localisée. Je peux aussi m'en servir pour des huiles de massage, des roll-ons pour aromathérapie, des bains, des hydratants apaisants et des baumes pour la peau.

Gelée d'aloé vera : j'en emporte aussi toujours un flacon de 10 cL. Soluble dans l'eau, avec un taux d'absorption rapide, la gelée d'aloé vera est du gel d'aloé vera mélangé avec un émulsifiant, ce qui vous permet de diluer facilement des huiles essentielles dans de l'eau pour les gels pour le visage et les mains, pour des bains, des hydratants non gras et pour soulager les démangeaisons.

Documentation

Si vous commencez à peine à explorer l'aromathérapie, vous avez accès à une excellente documentation pour trouver des écoles d'aromathérapie ou un aromathérapeute et pour acheter des huiles essentielles. Voici quelques-unes de mes ressources préférées, pour vous aider à profiter au maximum des bienfaits des huiles essentielles.

Alliance of International Aromatherapists
(www.alliance-aromatherapists.org)
Cette organisation à but non lucratif cherche à faire avancer la recherche en aromathérapie, à développer l'usage responsable des huiles essentielles et à établir et maintenir des normes professionnelles et éducatives.

ANTHIS (Christina), *The Complete Book of Essential Oils for Mama and Baby: Safe and Natural Remedies for Pregnancy, Birth, and Children*, Althea Press, Emeryville, 2017, 280 p.
Pour toutes celles qui attendent un enfant ou allaitent, et pour tous ceux qui ont des enfants, mon livre est plein de recettes et d'informations sur l'utilisation sûre d'huiles essentielles à tout âge.

Mountain Rose Herbs (www.mountainroseherbs.com)
Mountain Rose Herbs est une source écologique de plantes certifiées bio à 100 %, d'huiles essentielles, d'huiles porteuses et d'autres ingrédients nécessaires pour fabriquer soi-même produits de soin et produits de beauté.

National Association For Holistic Aromatherapy (naha.org)
Cette association à but non lucratif offre un trésor de renseignements sur l'aromathérapie, dont des données scientifiques, des indications sur la sécurité, des documents éducatifs, des normes professionnelles et une liste d'aromathérapeutes certifiés.

Plant Therapy Essential Oil (www.planttherapy.com)
C'est l'une de mes sources préférées pour tout ce qui concerne les huiles essentielles. Plant Therapy est une source abordable d'huiles essentielles, d'huiles porteuses et d'accessoires pour aromathérapie de grande qualité. Cette entreprise a travaillé avec Robert Tisserand pour créer des sets KidSafe® de mélanges d'huiles essentielles.

TISSERAND (Robert) et YOUNG (RODNEY), *Essential Oil Safety: A Guide for Health Care Professionals*, 2de éd., Churchill Livingstone, Philadelphie, 2013, 784 p.
Un livre complet et mis à jour sur les normes de sécurité en matière d'huiles essentielles. Il contient leurs profils chimiques ainsi que des données et des recommandations sur la sécurité.

Références

Alliance of International Aromatherapists, « Aromatherapy », consulté le 20 avril 2019. www.alliance-aromatherapists.org/aromatherapy.

Bauer (Brent). « What Are the Benefits of Aromatherapy? » *Mayo Clinic Consumer Health*, consulté le 22 avril 2019. www.mayoclinic.org/healthy-lifestyle/consumer-health/expert-answers/aromatherapy/faq-20058566.

Ben-Arye (E.), Dudai (N.), Eini (A.), Torem (M.), Schiff (E.) et Rakover (Y.), « Treatment of Upper Respiratory Tract Infections in Primary Care: A Randomized Study Using Diffusion Aromatic Herbs », *Evidence-Based Complementary and Alternative Medicine*, 2011, n° 690346 : 7 pages. doi.org/10.1155/2011/690346.

Bensouilah (Janetta) et Buck (Philippa), *Aromadermatology: Aromatherapy in the Treatment and Care of Common Skin Conditions*, éd. Kindle, Routledge, 2001.

Berdejo (D.), Chueca (B.), Pagán (E.), Renzoni (A.), Kelley (W. L.), Pagán (R.) et Garcia-Gonzalo (D.), « Sub-Inhibitory Doses of Individual Constituents of Essential Oils Can Select for *Staphylococcus aureus* Resistant Mutants ». *Molecules* 24, n° 1 (janvier 2019) : 170. doi:10.3390/molecules24010170.

Borges (A.), Abreu (A.), Dias (C.), Saavedra (M. J.), Borges (F.) et Simões (M.). « New Perspectives on the Use of Phytochemicals as an Emergent Strategy to Control Bacterial Infections Including Biofilms », *Molecules 21*, n° 7, juillet 2016 : p. 877. doi:10.3390/molecules21070877.

Buckle (Jane), *Clinical Aromatherapy: Essential Oils in Healthcare*, 3e éd., Churchill Livingstone, Philadelphie, 2014, 412 p.

Catty (Suzanne), *Hydrosols: The Next Aromatherapy*, Healing Arts Press, Rochester, 2001, 290 p.

Choi (S.), Kang (P.), Lee (H.) et Seol (G.), « Effects of Inhalation of Essential Oil of *Citrus aurantium* L. var. amara on Menopausal Symptoms, Stress, and Estrogen in Postmenopausal Women: A Randomized Controlled Trial », *Evidence-Based Complementary and Alternative Medicine,* 2014, n° 796518 : 7 pages. doi: 10.1155/2014/796518.

Clark (Demetria), *Aromatherapy and Herbal Remedies for Pregnancy, Birth, and Breast-feeding*, Healthy Living Publications, Summertown, 2015.

CLARK (Marge), *Essential Oils and Aromatics: A Step-by-Step Guide for Use in Massage and Aromatherapy*, éd. Kindle, Amazon Digital Services LLC, 2013.

DE AGUIAR (F. C.), SOLARTE (A. L.), TARRADAS (C.), LUQUE (I.), MALDONADO (A.), GALÁN-RELAÑO (À.) et HUERTA (B.), « Antimicrobial Activity of Selected Essential Oils Against *Streptococcus suis* Isolated from Pigs », *MicrobiologyOpen 7*, n° 6, mars 2018 : 6 pages. doi:10.1002/mbo3.613.

DECKARD (Angela), « 11 Proven Peppermint Essential Oils Benefits ». *Healthy Concentration*, consulté le 21 avril 2019. healthyconcentration.org/proven-menthe poivrée-essential-oil-benefits.

DENNERLEIN (Roseann), « What Is a Clinical Aromatherapist? » *Oils of Shakan*, consulté le 22 avril, 2019. oilsofshakan.com/what-is-a-clinical-aromatherapist/.

Environmental Working Group, « Toxic Cleaner Fumes Could Contaminate California Classrooms », *Press Release*, consulté le 22 avril 2019. www.ewg.org/news/news-releases/2009/10/28/toxic-cleaner-fumes-could-contaminate-california-classrooms.

FIFI (A. C.), AXELROD (C. H.), CHAKRABORTY (P.) et SAPS (M.), « Herbs and Spices in the Treatment of Functional Gastrointestinal Disorders: A Review of Clinical Trials », *Nutrients 10*, n° 11, novembre 2018 : p. 1715. doi:10.3390/nu10111715.

FURLOW (F.), « The Smell of Love », *Psychology Today*, consulté le 22 avril 2019. www.psychologytoday.com/us/articles/199603/the-smell-love.

GATTEFOSSÉ (René-Maurice), *Gattefossé's Aromatherapy: The First Book on Aromatherapy*, 2de éd., éd. Kindle, Ebury Digital, Londres, 2012.

GATTI (Giovanni) et CAJOLA (Renato), *The Action of Essences on the Nervous system*, Italie, 1923.

HINTON (D. E.), PHAM (T.), TRAN (M.), SAFREN (S. A.), OTTO (M. W.) et POLLACK (M. H.), « CBT for Vietnamese Refugees with Treatment-Resistant SSPT and Panic Attacks: A Pilot Study », *Journal of Traumatic Stress* 17, n° 5, octobre 2004 : p. 429–433. doi:10.1023/B:JOTS.0000048956.03529.fa.

HIRSCH (A.) et GRUSS (J.). « Human Male Sexual Response to Olfactory Stimuli ». *American Academy of Neurological and Orthopaedic Surgeons*, consulté le 22 avril 2019. aanos.org/human-male-sexual-response-to-olfactory-stimuli/.

HÜSNÜ CAN BASER (K.) et BUCHBAUER (Gerhad), *Handbook of Essential Oils: Science, Technology, and Applications*, 2nde éd., CRC Press, Boca Raton, 2015, 1 109 p.

INOUYE (Shigeharu), TAKIZAWA (Toshio) et YAMAGUCHI (Hideyo), « Antibacterial Activity of Essential Oils and Their Major Constituents Against Respiratory Tract Pathogens by Gaseous Contact », *Journal of Antimicrobial Chemotherapy* 47, n° 5, mai 2001 : p. 565–573. doi:10.1093/jac.47.5.565.

KEIM (Joni) et BULL (Ruah), *Aromatherapy & Subtle Energy Techniques: Compassionate Healing with Essential Oils*, CreateSpace, 2015, 232 p.

KHADIVZADEH (T.), NAJAFI (M.), GHAZANFARPOUR (M.), IRANI (M.), DIZAVANDI (F.), SHARIATI (F. et K.), « Aromatherapy for Sexual Problems in Menopausal Women: A Systematic Review and Meta-analysis », *Journal of Menopausal Medicine* 24, n° 1, avril 2018 : p. 56–61. doi:10.6118/jmm.2018.24.1.56.

KLINE (R. M.), KLINE (J. J.), DI PALMA (J.) et BARBERO (G. J.), « Enteric-Coated, Ph-Dependent Peppermint Oil Capsules for the Treatment of Irritable Bowel Syndrome in Children », *Journal of Pediatrics* 138, n° 1, janvier 2001 : p. 125–128. www.ncbi.nlm.nih.gov/pubmed/11148527.

KNEZEVIC (P.), ALEKSIC (V.), SIMIN (N.), SVIRCEV (E.), PETROVIC (A.) et MIMICA-DUKIC (N.). « Antimicrobial Activity of Eucalyptus camaldulensis Essential Oils Their Interactions with Conventional Antimicrobial Agents Against Multi-Drug Resistant *Acinetobacter baumannii* », *Journal of Ethnopharmacology* 178, février 2016 : p. 125–136. doi:10.1016/j.jep.2015.12.008.

KÖSE (E.), SARSILMAZ (M.), MEYDAN (S.), SÖNMEZ (M.), KUS (I.) et KAVAKLI (A.). « The Effect of Lavender Oil on Serum Testosterone Levels and Epididymal Sperm Characteristics of Formaldehyde Treated Male Rats », *European Review for Medical and Pharmacological Sciences* 15, n° 5, mai 2011 : p. 538–542. www.ncbi.nlm.nih.gov/pubmed/21744749.

KOULIVAND (P. H.), KHALEGHI GHADIRI (M.) et GORJI (A.). « Lavender and the Nervous System », *Evidence-Based Complementary and Alternative Medicine*, n° 681304, 2013 : 10 pages. doi:10.1155/2013/681304.

LAFATA (Alexia). « How Our Sense of Smell Makes Us Fall In Love and Stay in Love », *Elite Daily*, consulté le 22 avril 2019. www.elitedaily.com/dating/sense-of-smell-makes-us-love/1094795.

Lahmar (A.), Bedoui (A.), Mokdad-Bzeouich (I.), Dhaouifi (Z.), Kalboussi (Z.), Cheraif (I.), Ghedira (K.) et Chekir-Ghedira (L.), « Reversal of Resistance in Bacteria Underlies Synergistic Effect of Essential Oils with Conventional Antibiotics », *Microbial Pathogenesis* 106, mai 2017 : p. 50–59. doi:10.1016/j.micpath.2016.10.018.

Lawless (Julia), *The Encyclopedia of Essential Oils: The Complete Guide to the Use of Aromatic Oils in Aromatherapy, Herbalism, Health & Well-Being*, Conari Press, Berkeley, 2013, 232 p.

Lee (K.), Cho (E.) et Kang (Y.), Changes in 5-Hydroxytryptamine and Cortisol Plasma Levels in Menopausal Women After Inhalation of Clary Sage Oil », *Phytotherapy Research* 28, n° 12, décembre 2014 : p. 1599–1605. doi:10.1002/ptr.5163.

Lillehei (A. S.) et Halcon (L. L.), « A Systematic Review of the Effect of Inhaled Essential Oils on Sleep », *Journal of Alternative and Complementary Medicine* 20, n° 6, juin 2014 : p. 441–451. doi:10.1089/acm.2013.0311.

Mojay (G.), *Aromatherapy for Healing the Spirit: A Guide to Restoring Emotional and Mental Balance Through Essential Oils*, Gardners Books, Londres, 2005, 192 p.

Morris (Edwin), *Scents of Time: Perfume from Ancient Egypt to the 21st Century*, The Metropolitan Museum of Art, New York, 1999, 111 p.

Nagai (K.), Niijima (A.), Horii (Y.), Shen (J.) et Tanida (M.), « Olfactory Stimulatory with Grapefruit and Lavender Oils Change Autonomic Nerve Activity and Physiological Function », *Autonomic Neuroscience* 185, juin 2014 : p. 29–35. doi:10.1016/j.autneu.2014.06.005.

National Association for Holistic Aromatherapy, « Safety Information », consulté le 23 avril 2019. naha.org/explore-aromatherapy/safety.

Ostling (Michael), « Witches' Herbs on Trial », *Folklore* 125, n° 2, juillet 2014 : 179–201. doi:10.1080/0015587X.2014.890785.

Pertz (H.), Lehmann (J.), Roth-Ehrang (R.) et Elz (S.), « Effects of Ginger Constituents on the Gastrointestinal Tract: Role of Cholinergic M3 and Serotonergic 5-HT3 and 5-HT4 receptors », *Planta Medica* 77, n° 10, juillet 2011 : 973–8. doi:10.1055/s-0030-1270747.

Prabuseenivasan (Seenivasan), Jayakumar (Manickkam) et Ignacimuthu (Savarimuthu), « In Vitro Antibacterial Activity of Some

Plant Essential Oils », BMC *Complementary and Alternative Medicine* 6, n° 39, novembre 2006 : p. 196–207. doi:10.1186/1472-6882-6-39.

PRICE (Shirley), *Aromatherapy Workbook: A Complete Guide to Understanding and Using Essential Oils*, éd. Kindle, Amazon Digital Services LLC, 2012.

RAHO (Bachir) et BENALI (M.), « Antibacterial Activity of the Essential Oils from the Leaves of *Eucalyptus globulus* Against *Escherichia coli* and *Staphylococcus aureus* », Asian Pacific Journal of Tropical Biomedicine 2, n° 9, septembre 2012 : p. 739–742. doi:10.1016/S2221-1691(12)60220-2.

ROSE (J.) et BEHM (F.), « Inhalation of Vapor from Black Pepper Extract Reduces Smoking Withdrawal Symptoms », *Drug and Alcohol Dependence* 34, n° 3, février 1994 : p. 225–229. doi:10.1016/0376-8716(94)90160-0.

SCHNAUBELT (Kurt), *The Healing Intelligence of Essential Oils: The Science of Advanced Aromatherapy*, Healing Arts Press, Rochester, 2011, 218 p.

SIENKIEWICZ (M.), GŁOWACKA (A.), KOWALCZYK (E.), WIKTOROWSKA-OWCZAREK (A.), JÓŹWIAK-BĘBENISTA (M.) et ŁYSAKOWSKA (M.), « The Biological Activities of Cinnamon, Geranium and Lavender Essential Oils », *Molecules* 19, n° 12, décembre 2014 : p. 20 929–20 940. doi:10.3390/molecules191220929.

SILVA (G. L.), LUFT (C.), LUNARDELLI (A.), AMARAL (R. H.), MELO (D. A.), DONADIO (M. V.), NUNES (F. B.) et al., « Antioxidant, Analgesic and Anti-Inflammatory Effects of Lavender Essential Oil ». *Anais da Academia Brasileira de Ciências* 87, n° 2, août 2015 : p. 1 397–1 408. doi:10.1590/0001-3765201520150056.

SRIVASTAVA (J. K.), SHANKAR (E.) et GUPTA (S.), « Chamomile: A Herbal Medicine of the Past with a Bright Future », *Molecular Medicine Reports* 3, september 2010 : p. 895–901. doi:10.3892/mmr.2010.377.

STEA (Susanna), BERAUDI (Alina) et DE PASQUALE (Dalila), « Essential Oils for Complementary Treatment of Surgical Patients: State of the Art » *Evidence-Based Complementary and Alternative Medicine* 2014, n° 726341, février 2014 : 6 pages. doi:10.1155/2014/726341.

VALNET (Jean), *The Practice of Aromatherapy: A Classic Compendium of Plant Medicines and Their Healing Properties*, édition Kindle, Ebury Digital, Londres, 2012.

WebMD, « Growing Pains », consulté le 22 avril 2019. www.webmd.com/children/guide/growing-pains#1.

WORWOOD (Valerie Ann), *Aromatherapy for the Healthy Child: More Than 300 Natural, Nontoxic, and Fragrant Essential Oil Blends*, édition Kindle, Amazon Digital Services LLC, 2012.

_____ *The Fragrant Mind: Aromatherapy for Personality, Mind, Mood, and Emotion*, édition Kindle,Ebury Digital, Londres, 2012.

_____ *Scents & Scentuality: Essential Oils & Aromatherapy for Romance, Love, and Sex*, édition Kindle, Amazon Digital Services LLC: New World Library, 2012.

YAP (P. S.), YIAP (B. C.), PING (H. C.) et LIM (S. H.), « Essentil Oils, A New Horizon in Combating Bacterial Antibiotic Resistance », *The Open Microbiology Journal* 8, février 2014 : p. 6–14. doi:10.2174/18742858014 08010006.

YAP (P. S.), YIAP (B. C.) et LIM (S. H.), « Combination of Essential Oils and Antibiotics Reduce Antibiotic Resistance in Plasmid-Conferred Multidrug Resistant Bacteria », *Phytomedicine* 20, n°s 8–9, juin 2013 : 710–3. doi:10.1016/j.phymed.2013.02.013.

YAVARI KIA (P.), SAFAJOU (F.), SHAHNAZI (M.) et NAZEMIYEH (H.), « The Effect of Lemon Inhalation Aromatherapy on Nausea and Vomiting of Pregnancy: A Double-Blinded, Randomized, Controlled Clinical Trial », *Iranian Red Crescent Medical Journal* 16, n° 3, mars 2014 : e14360. doi:10.5812/ircmj.14360.

ZAINOL (N. A.), MING (T. S.) et DARWIS (Y.), « Development and Characterization of Cinnamon Leaf Oil Nanocream for Topical Application », *Inden Journal of Pharmaceutical Sciences* 77, n° 4, juillet/août 2015 : p.422–433. www.ncbi.nlm.nih.gov/pubmed/26664058.

Index des recettes

Index des problèmes de santé

Index général

B

C

D

E

F

G

H

M

R

S

REMERCIEMENTS

L'écriture d'un livre est une tâche éprouvante, et je n'aurais pas pu la mener à bien sans l'amour et le soutien des gens qui partagent ma vie. J'aimerais remercier mon fils, Silas, qui est mon miracle et qui me donne chaque jour son amour. Clint Hill, sans toi je n'aurais pas pu écrire ce livre. J'aimerais te remercier de m'avoir écoutée déblatérer sur les huiles essentielles jour après jour pendant un mois, pour m'embrasser tout de même les jours où je ne prenais pas de douche et pour avoir constamment cru en moi et en mes capacités. Je voudrais vraiment remercier ma maman et mon papa pour leur soutien constant et indéfectible dans toutes mes entreprises. Sans vous, je ne serais jamais devenue auteure. Merci de m'avoir donné les outils dont j'avais besoin pour suivre ma voie et penser en dehors du cadre. Maman, c'est toi qui m'as fait découvrir le monde merveilleux de l'écriture ; et toi, Papa, tu m'as appris à regarder le monde du point de vue d'un ingénieur. Enfin, je n'aurais pas écrit ce livre sans toutes les personnes merveilleuses de Callisto, qui ont vraiment travaillé très dur pour que ce livre puisse exister. Vanessa Ta, tu es une rock star de l'édition, et sans ton soutien et tes efforts infatigables, je n'aurais peut-être jamais terminé ce livre !

À propos de l'auteure

CHRISTINA ANTHIS est mère célibataire, et est la blogueuse de The Hippy Homemaker. En tant que bricoleuse passionnée formée en aromathérapie et en phytothérapie, elle se consacre à aider les autres à fabriquer des produits sans danger et naturels pour la santé et la maison à base d'huiles essentielles. Christina, son fils et son partenaire Clint résident au Texas.

Avez-vous aimé Huiles essentielles pour débutants ?

Si vous avez aimé ce livre, nous aimerions vous demander une petite faveur en retour. L'écriture d'un ouvrage représente des mois d'écriture et souvent de longues années de travail en amont pour acquérir les connaissances nécessaires. C'est pourquoi, si vous le voulez bien, nous vous serions reconnaissants de prendre quelques minutes pour parler de ce livre autour de vous, à vos amis, à vos libraires, sur les forums, blogs, sites web, pages, réseaux sociaux, etc., mais aussi pour laisser un avis sur les sites de vente en ligne.

Vos commentaires participent beaucoup à la visibilité du travail de nos auteurs, mais les aident (et nous aident) aussi à mieux cerner vos attentes, à apporter des améliorations à leur travail et à écrire des ouvrages sur d'autres sujets qui pourraient vous intéresser.

Un livre ne vit et n'existe que lorsqu'il se partage et devient accessible à d'autres. Or, cela ne peut se faire que s'ils en entendent parler. Voilà pourquoi votre participation est aussi importante, et pourquoi nous nous en remettons à vous.

Ouvrages du même éditeur

Huiles essentielles de santé et de bonheur

AUTEUR : GILLES GRAS

Les huiles essentielles sont des alliées-santé quotidiennes et indispensables à notre pharmacie aujourd'hui. Mais plus que des huiles de santé, elles sont aussi des huiles de mieux-être : soigner l'âme et l'esprit, le cœur et la raison quand nous sommes malmenés et tourmentés par les maux de nos temps. Burn-out, mal-être, dépression, cauchemars, deuil... Ce guide détaillera les thérapeutiques physiques et émotionnelles de base des huiles essentielles à posséder dans sa pharmacie. Un travail exceptionnel de recherches pharmaceutique, énergétique, historique de chaque huile, son usage et ses limites pour utiliser enfin les huiles essentielles à leur plein potentiel.

Broché 15 × 21 - Illustrations N&B - 338 pages

Les Cristaux pour débutants

AUTEURE : KAREN FRAZIER

Depuis toujours, les cristaux nous séduisent par leur beauté. Aujourd'hui, de plus en plus de gens se tournent vers ces réservoirs naturels d'énergie vibratoire pour retrouver un bien-être général, se détendre, retrouver l'équilibre et se concentrer sur ce qui est positif.

Les Cristaux pour Débutants vous aidera à comprendre comment les cristaux peuvent vous aider à améliorer votre vie, et donc le monde dans son ensemble.

Karen Frazier, guérisseuse énergéticienne, nous donne une introduction claire et précise à la guérison par l'énergie des cristaux, ainsi que des conseils pour réunir une collection efficace.

Avec quelques éléments de base et une poignée de minéraux, vous pouvez prendre le contrôle des énergies intérieures et extérieures pour créer votre espace de calme au cœur de toutes les tempêtes...

PROFILS DES CRISTAUX : Une étude détaillée d'une cinquantaine de cristaux, de leurs propriétés précises et leur usage.

USAGES DES CRISTAUX : Mettez vos cristaux au travail, avec 75 prescriptions qui offrent des conseils précis pour travailler sur toute une série de problèmes, comme l'addiction, l'amour, l'anxiété, le bonheur, le chagrin, la colère, la compassion, la confiance en soi, la confiance, le courage, la décision, l'envie, l'équilibre, la gratitude, les limites, la maltraitance, la motivation, la négativité, la paix intérieure, le pardon, la patience, la prospérité, le regret, le rejet et le stress.

Broché 15 × 21 - Illustrations Couleurs - 210 pages

Phytothérapie pour débutants

AUTEURES : KATJA SWIFT ET RYN MIDURA

PARUTION EN MARS 2020

Ouvrage de référence quotidien pour les affections courantes à l'aide de 35 plantes populaires, *Phytothérapie pour débutants* vous montre comment utiliser quelques plantes médicinales pour créer des remèdes et améliorer la capacité du corps à combattre les infections et à guérir naturellement.

Il n'est pas nécessaire d'acheter des centaines de plantes, difficiles à se procurer, pour commencer à faire usage de la phytothérapie.

Des allergies aux fièvres en passant par les maux de tête, les débutants pourront acquérir, grâce à cet ouvrage clair et très illustré, les connaissances essentielles dont ils ont besoin pour devenir des guérisseurs naturels.

Phytothérapie pour débutants vous apprend à utiliser les plantes comme outil préventif et réparateur :

– l'ouvrage fournit des instructions étape par étape sur la manière d'acquérir, de fabriquer et d'appliquer efficacement la phytothérapie ;

– des fiches sur les plantes populaires vous apprennent à choisir les plantes adaptées pour établir votre collection de plantes médicinales ;

– 100 remèdes à base de plantes pour les affections courantes sont proposés avec des instructions faciles à suivre pour réaliser des remèdes en toute sécurité à la maison.

Apprenez comment chasser les toxines avec le pissenlit, combattre le stress avec le tilleul, guérir les brûlures avec la guimauve et découvrez bien d'autres remèdes pour des soucis de santé courants avec *Phytothérapie pour débutants*.

ⓘ Broché 14 × 24 - Illustrations Couleurs

Impression & brochage sepec - France
Numéro d'impression : 20954191212 - Dépôt légal : décembre 2019

IMPRIM'VERT®

PEFC 10-31-1470 / Certifié PEFC / Ce produit est issu de forêts gérées durablement et de sources contrôlées. / pefc-france.org